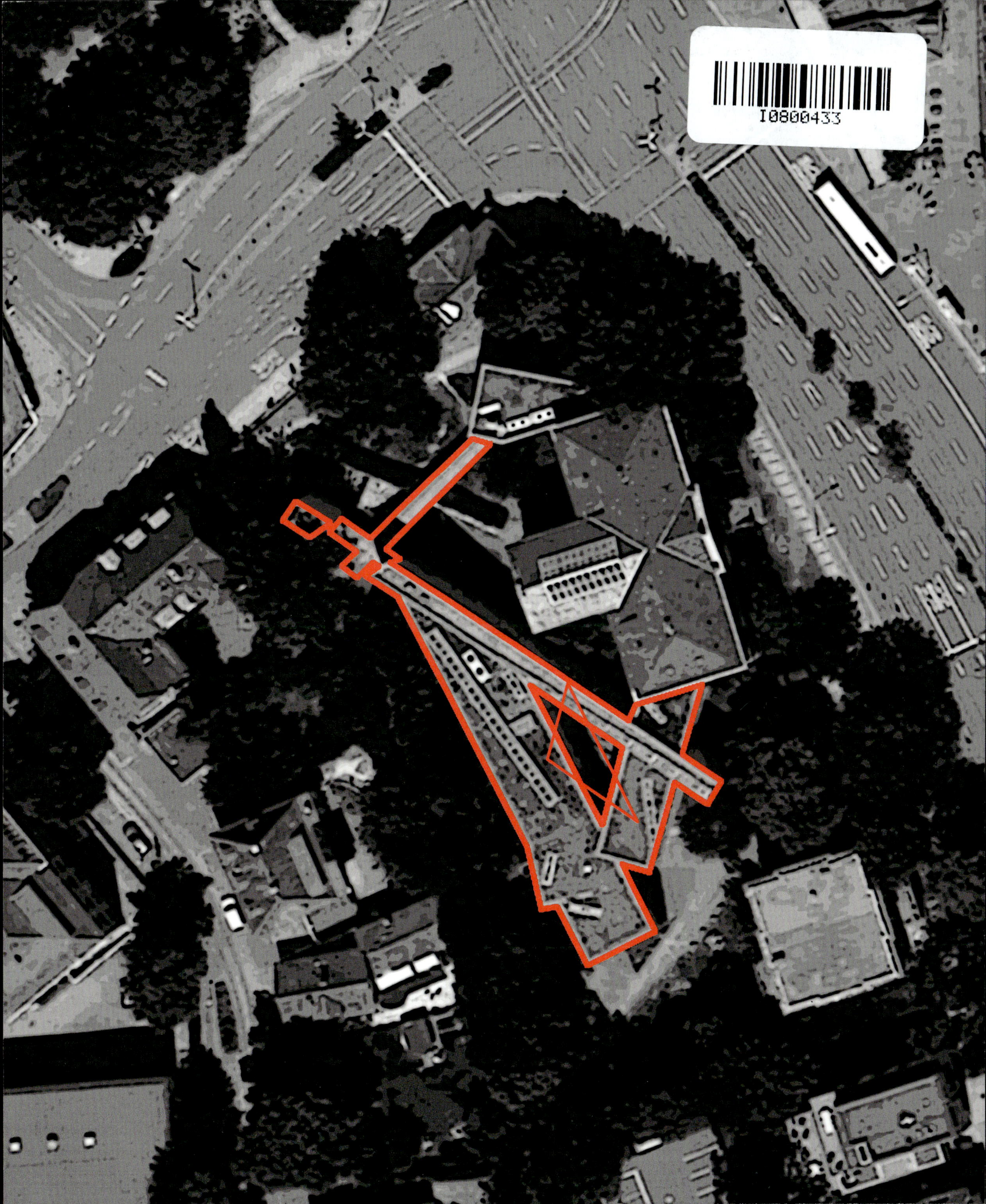

EXISTENZ

BRIGITTE WALDACH
FELIX-NUSSBAUM-HAUS

Scheidegger & Spiess

INHALT

CONTENTS

PROF. MONIKA GRÜTTERS MDB
STAATSMINISTERIN FÜR KULTUR UND MEDIEN

GRUSSWORT

„Ich hab die Welt, die Welt hat mich betrogen", heißt es in einem Gedicht der deutsch-jüdischen Lyrikerin Else Lasker-Schüler. Von der Welt um sein Leben betrogen wurde auch der von den Nationalsozialisten verfolgte und in Auschwitz ermordete jüdische Maler Felix Nussbaum. Als Vertreter der von den Nationalsozialisten verfemten Neuen Sachlichkeit war er eine der großen, lange vergessenen künstlerischen Begabungen der Zwischenkriegszeit, ein Vertreter der sogenannten „Verschollenen Generation" der zwischen 1890 und 1910 geborenen Künstlerinnen und Künstler. Seine Lebensgeschichte steht für das traurige Schicksal zahlreicher jüdischer Künstlerinnen und Künstler, die ihr Talent nicht zur vollen Entfaltung bringen konnten, weil sie Juden waren. Zum Glück hat sein Werk überlebt, ja es lebt regelrecht auf im Felix-Nussbaum-Haus in Osnabrück, diesem großartigen Museumsbau Daniel Libeskinds, den der Stararchitekt zeitgleich mit seinem weltbekannten Jüdischen Museum in Berlin entworfen hat. Alles andere als bloße Hülle für die umfassendste Sammlung von Werken Nussbaums in einem Museum, ist das Gebäude selbst Raum gewordene Auseinandersetzung eines jüdischen Architekten der Gegenwart mit Leben und Werk eines jüdischen Künstlers, dem die verdiente Anerkennung zu Lebzeiten verwehrt blieb.

In einen spannungsgeladenen Dialog mit diesem musealen Raum tritt die seit Dezember 2018 zu bewundernde Installation der Künstlerin Brigitte Waldach. Sie lädt darin ein auf eine Entdeckungsreise in die geistige Welt Felix Nussbaums, in seine geistige *Existenz* – so der Titel der Arbeit. Multimedial und mehrdimensional lässt sie Besucherinnen und Besucher in das Schicksal des Künstlers eintauchen und setzt sich dabei auf eindrückliche Art und Weise auch mit ihrer eigenen und mit der menschlichen Existenz als solcher auseinander. Zu einem Klangteppich collagierte Textzitate bilden einen Raum im Raum, umgeben von einem Labyrinth aus schwarzen und weißen Fäden, die – miteinander verwoben – Zeit und Raum, Leben und Tod symbolisieren. Ein einsamer roter Faden durchzieht die Installation; er führt zu einschneidenden Ereignissen, Brüchen und Richtungsänderungen in der Lebensgeschichte des Felix Nussbaum. So wird mit dem Felix-Nussbaum-Haus ein Raum, den Nussbaum nicht gekannt und nicht bewohnt hat, zu einem Ort seiner Existenz. Die Installation, die von Trennung, Schmerz, Isolation, Zweifel, Angst und Vernichtung erzählt, ist auch eine mahnende Erinnerung daran, wohin Diskriminierung und Ausgrenzung führen können und wie wichtig es ist, aufzustehen und die Stimme zu erheben, wo Menschen diskriminiert und ausgegrenzt werden. Nicht zuletzt deshalb wünsche ich dem Felix-Nussbaum-Haus und der Künstlerin Brigitte Waldach zahlreiche begeisterte Ausstellungsbesucherinnen und -besucher, die sich auf eine Reise in die Welt und geistige Existenz Felix Nussbaums einlassen.

PREFACE

"I have the world, the world has cheated me", the German-Jewish poet and playwright Else Lasker-Schüler wrote in a poem. The world also cheated the Jewish painter Felix Nussbaum of his life, through his persecution by the national socialists and his murder in Auschwitz. As an exponent of the New Objectivity Movement proscribed by the national socialists, he was one of the great, long-forgotten artistic talents of the inter-war years, a representative of the so-called "lost generation" of artists born between 1890 and 1910. His life-story represents the sad fate of countless artists whose talents could never reach their full potential because they were Jewish. Fortunately his works have survived and are literally brought to life again in the Felix-Nussbaum-Haus in Osnabrück, Daniel Libeskind's magnificent museum building, designed by the leading architect at the same time as his world-famous Jewish Museum in Berlin. Housing the most comprehensive collection of Nussbaum's works in one museum, the building is anything but a mere shell; it is a spatial confrontation between a Jewish architect of the present-day and the life and work of a Jewish artist who was denied his deserved recognition during his lifetime.

From December 2018, the artist Brigitte Waldach's wonderful installation enters this museum space in a dialogue brimming with excitement. In it, she invites us into Felix Nussbaum's mindscape on a journey of discovery, into his spiritual and intellectual existence - hence the title of the work, *Existenz*. Through a multimedia and multidimensional approach, she enables visitors to immerse themselves in the artist's fate and by so doing, grapples impressively with their own and with human existence as a whole. A soundscape collage of text quotations form a space within a space, surrounded by a labyrinth of black and white threads that – interwoven with one another – symbolise Time and Space, Life and Death. A single red thread runs through the installation; it leads to the significant events, ruptures and changes of direction throughout Felix Nussbaum's life-story. Thus, inside the Felix-Nussbaum-Haus, a space that Nussbaum never knew and never lived in becomes a place where he exists. The installation, which tells of separation, pain, isolation, doubt, fear and extermination, is also a warning; a reminder of where discrimination and marginalisation can lead and of the importance of standing up and raising our voices wherever people are discriminated against and marginalised. Not least, therefore, I hope that the Felix-Nussbaum-Haus and the artist Brigitte Waldach receive a great number of enthusiastic visitors who will embark on a journey into the world, spiritual and intellectual existence of Felix Nussbaum.

NILS-ARNE KÄSSENS
DIREKTOR MUSEUMSQUARTIER OSNABRÜCK

VORWORT

Die Installation *Existenz* der Künstlerin Brigitte Waldach setzte 2018 einen Schlusspunkt – und startete zugleich einen Neubeginn: Als letzte Ausstellung des Jahres schloss sie die Feierlichkeiten zum 20-jährigen Jubiläum des Felix-Nussbaum-Hauses ab. Gleichzeitig beginnt mit *Existenz* eine neue Ausstellungsreihe, die sowohl Felix Nussbaum – seine Werke, sein Leben und relevante Themen – als auch das markante Museumsgebäude selbst in den Mittelpunkt stellt. Daniel Libeskind schuf mit diesem Bau die kongeniale architektonische Umsetzung des künstlerischen Werks von Felix Nussbaum. Die Reihe *Gegenwärtig. Zeitgenössische Künstler*innen begegnen Felix Nussbaum* lädt in Zukunft jedes Jahr Künstlerinnen und Künstler ein, für das Felix-Nussbaum-Haus eine neue Arbeit zu entwickeln.

Brigitte Waldach gelingt mit Existenz ein besonders eindringlicher Start: Ihre Raumzeichnung eröffnet den Besucherinnen und Besuchern auf ungewöhnliche Weise sowohl den Museums- als auch den Wahrnehmungs-Raum für Nussbaums Werke. Mit der Installation im „Raum der Gegenwart" beginnt der Rundgang durch die Nussbaum-Sammlung nun mit einer zeitgenössischen Interpretation von Nussbaums Themen. Die Besucherinnen und Besucher erfahren, wie gegenwärtig Nussbaum gerade heute wieder ist. Die Ausstellung *Existenz* von Brigitte Waldach ist ein Geschenk – an Felix Nussbaum, der am 11. Dezember 1904 geboren wurde, und an uns alle.

Danken möchte ich der Künstlerin, dass sie sich auf das Leben und Werk Felix Nussbaums eingelassen und diese bewegende Raumzeichnung geschaffen hat, die sich eindrücklich mit der Architektur verbindet. Ferner gilt mein Dank dem Partner der Reihe: der Felix-Nussbaum-Gesellschaft, ohne die es das Felix-Nussbaum-Haus nicht geben würde. Ich danke der Kuratorin Frau Dr. Mechthild Achelwilm, die die Konzeption entwickelt und die Umsetzung der Ausstellung betreut hat. Außerdem gilt mein Dank Dorothea Gathmann, Ulrich Deppen, Lara Kolonko, Lukas Attermeier, Stefan Hurdelbrink und Todd Walton, die bei der Realisierung mitgeholfen haben, sowie dem gesamten Besucherservice. Claudia Drecksträter sei für die Öffentlichkeitsarbeit gedankt. Mit der Arbeit aus früheren Installationen vertraut und eine bedeutende Hilfe waren Johannes von Reiswitz und René Moritz sowie Matthias Mühlhoff und Christian Vossiek.

Ich freue mich, dass wir die Ausstellung mit dieser Publikation begleiten können. Mein Dank gilt Staatsministerin Prof. Monika Grütters für ihre einleitenden Worte. Insbesondere danke ich Daniel Libeskind, der mit seinem Kommentar einfühlsam auf Brigitte Waldachs Installation reagierte und eigens für die Publikation zwei Skizzen zum Felix-Nussbaum-Haus bereitstellte. Und ich danke herzlich Dr. Stefan Lüddemann und Fritz Backhaus, die diese Publikation mit ihren Textbeiträgen inhaltlich verdichten sowie dem Verlag Scheidegger & Spiess für die engagierte Unterstützung dieses außergewöhnlichen Buchprojekts.

FOREWORD

The installation *Existenz* by the artist Brigitte Waldach brought 2018 to a close – and at the same time it marked a new beginning: as the final exhibition of the year, it brought the celebrations marking the 20th anniversary of the Felix-Nussbaum-Haus to an end. Simultaneously, *Existenz* marks the start of a new exhibition series placing Felix Nussbaum's works, his life and relevant themes – as well as the striking museum building itself - at its centre. With this building, Daniel Libeskind has created a sympathetic architectural realisation of Felix Nussbaum's artistic works. In the future, the series "Current contemporary artists encounter Felix Nussbaum" will be inviting artists to produce a new work for the Felix-Nussbaum-Haus each year.

Brigitte Waldach has succeeded in making an emphatic start with *Existenz;* her spatial drawing introduces both the museum and the perceptual space for Nussbaum's works to visitors in singular and unique ways.

With the installation in the *Raum der Gegenwart,* a tour of the Nussbaum collection now commences with a contemporary interpretation of Nussbaum's themes; visitors experience the contemporary relevance of Nussbaum again today. The exhibition *Existenz* is a gift – to Felix Nussbaum, born on 11 December 1904, and to us all.

I would like to thank the artist for her engagement with the life and work of Felix Nussbaum and for creating this moving spatial drawing, which combines so impressively with the architecture. I would also like to thank the partner for the series, the Felix Nussbaum Gesellschaft; the Felix-Nussbaum-Haus would not exist today without them. My thanks to the curator, Dr. Mechthild Achelwilm, who developed the concept and who supervised the exhibition's launch. Furthermore, I would like to thank Dorothea Gathmann, Ulrich Deppen, Lara Kolonko, Lukas Attermeier, Stefan Hurdelbrink and Todd Walton for their help with both the implementation and the entire visitor services provision, and Claudia Dreckstrater for her public relations work. Johannes von Reiswitz and René Moritz were familiar with work on previous installations and provided invaluable help, as did Matthias Mühlhoff and Christian Vossiek.

I am delighted that this publication is to accompany the exhibition. I would like to thank Professor Monika Grütters, Minister of State, for her introduction. In particular I would like to thank Daniel Libeskind for his insightful comments on Brigitte Waldach's installation and particularly for making two drawings of the Felix-Nussbaum-Haus available to this publication. My heartfelt thanks also to Dr. Stefan Lüddemann and Fritz Backhaus for contributing articles to this publication, and to the publishers, Scheidegger & Spiess, for their dedicated support for this remarkable book.

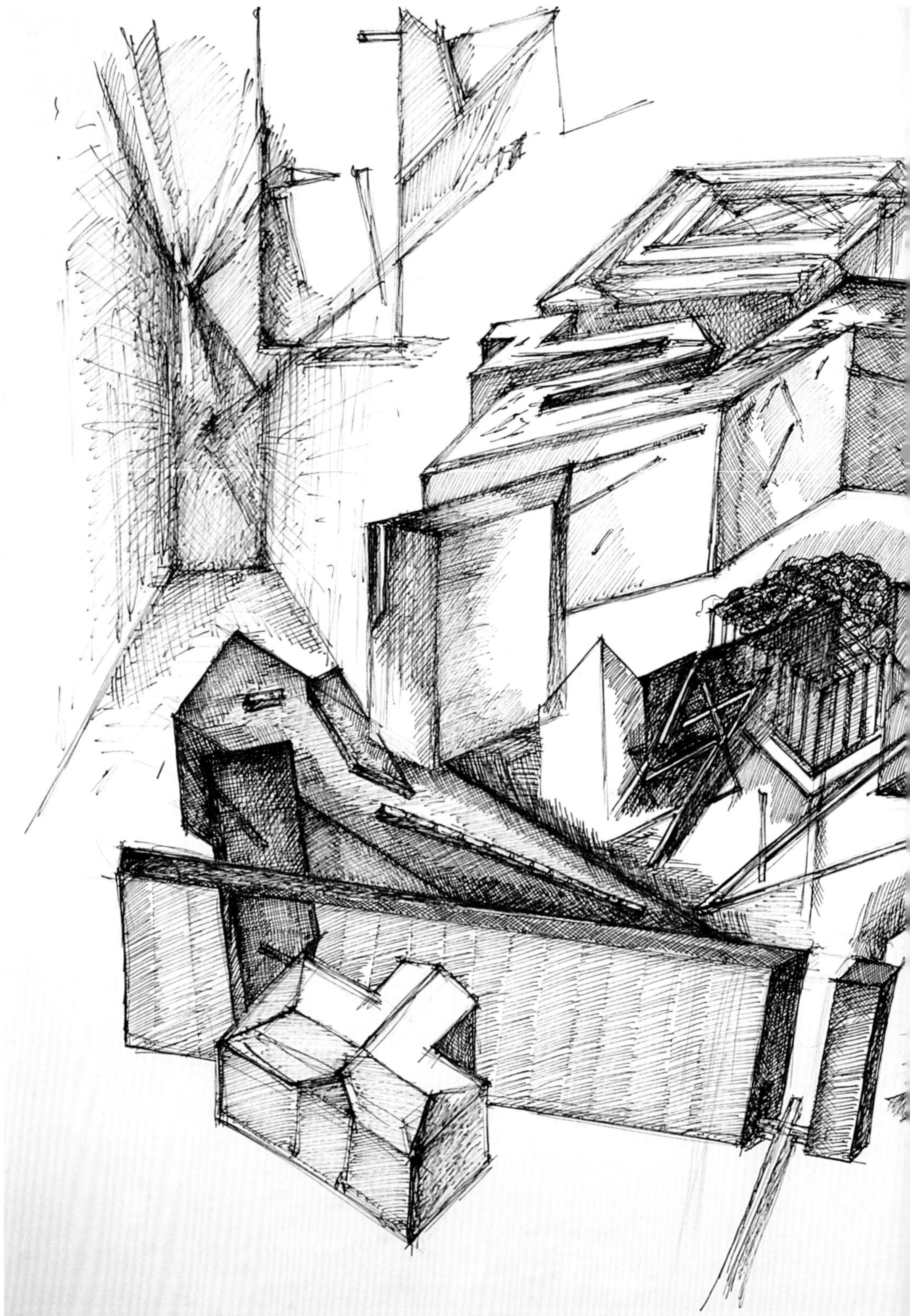

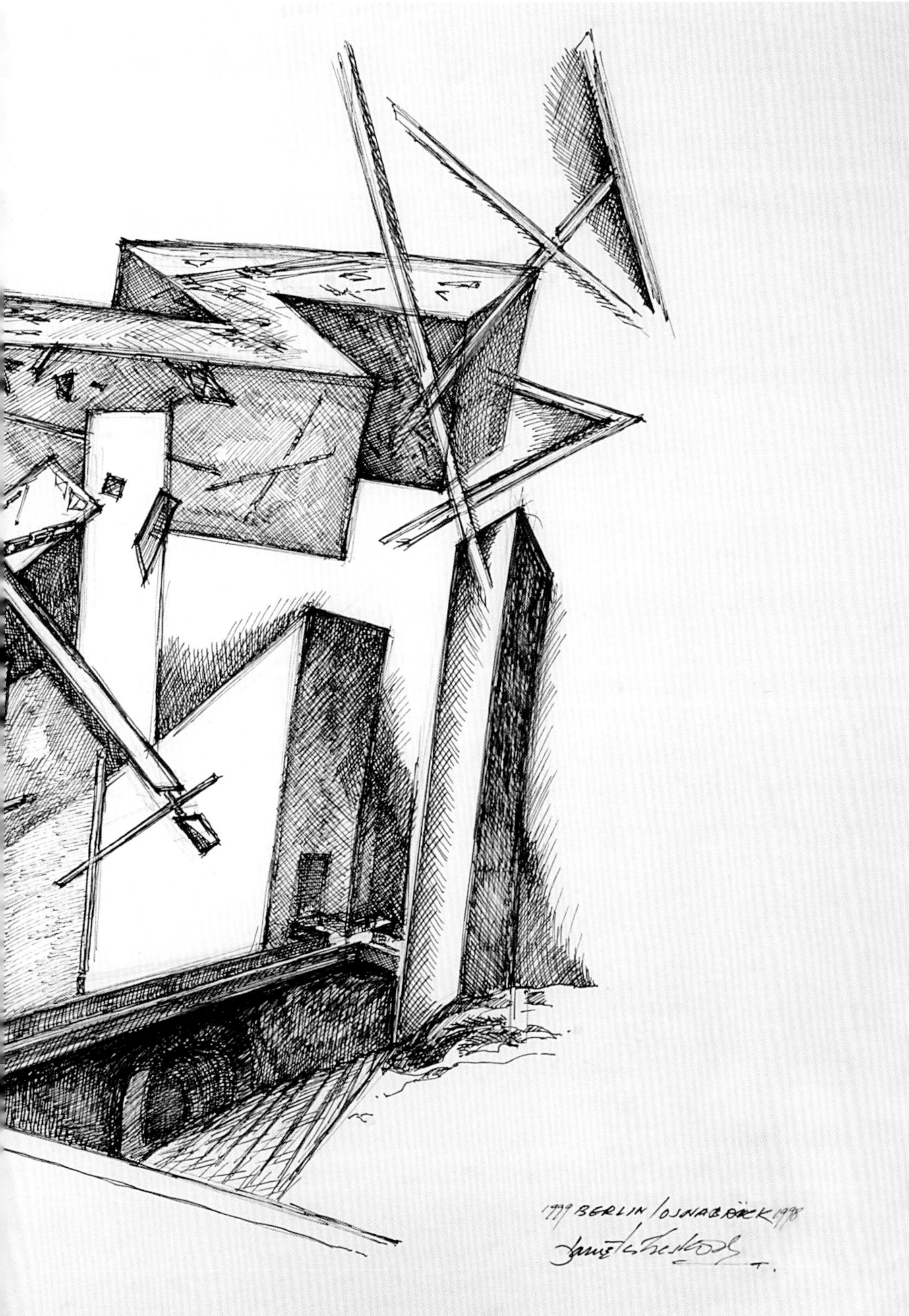
1999 BERLIN / OSNABRÜCK 1998

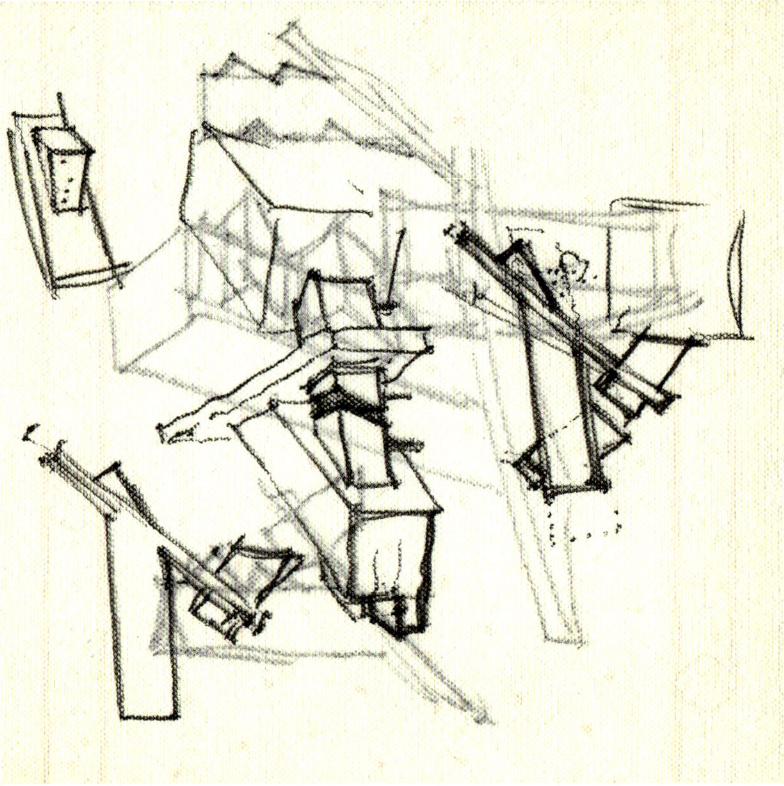

Brigitte Waldach's installation *Existenz* at the Felix-Nussbaum-Haus in Osnabrück is truly an inspiring one. The technique of stringing together cables to produce projected images is as stunning as it is thought provoking. She takes the architecture as a world that is penetrable by forces that go far beyond the building and creates her own light and shadows to illuminate the opacity of walls. The effect is profoundly moving because each line is a vector whose origin is unknown but whose destination we can see. At the same time, the flattened world itself corrodes the planes upon which it falls and continues to expand its energy towards a future that is as obscure as the past is irreversible. Brigitte Waldach has created a stunning, original and highly specific work that brings Felix Nussbaum's spirit to an unexpected rebirth in a museum dedicated to him.

EXISTENZ

Zentrum der *Existenz,* das „Gehirn" des Raumes, ist der verzerrte Kubus, aus dessen Fenster es rot herausleuchtet. Aus dem Inneren dringen männliche Stimmen zu uns. Wir hören Auszüge aus den Briefen Felix Nussbaums. Geflüstert und gesprochen überlagern sich die Textzitate, ehe sie geordnet auf den Wänden des Raumes der Gegenwart einzeln gelesen werden können, zu einer Soundcollage, die das Entstehen von Gedanken akustisch erfahrbar werden lässt.

An einer Wand des „Gehirns" ist in der Mitte ein uraltes Symbol zu sehen, der Davidstern: Symbol Israels und des jüdischen Glaubens, aber auch Sinnbild der Durchdringung von Geist (hier weiß verspannt) und Materie (hier schwarz verspannt) – von sichtbarer und unsichtbarer Welt –, die erst in ihrem Zusammenkommen eine Ganzheit bilden. Ausgehend von diesem Zeichen dynamisiert sich der Ausstellungsort und fügt dem Raum der Gegenwart eine weitere Dimension hinzu.

Mitgeführt wird sowohl in der schwarzen als auch in der weißen Verspannung jeweils ein roter Faden, die Lebenslinie des Künstlers Felix Nussbaum. Diese Lebenslinie zeichnet abstrakt und konkret den Verlauf eines Lebens nach, das exemplarisch das Schicksal eines Menschen verkörpert, der als Künstler gelebt hat und als Jude verfolgt wurde.

Im vorderen Bereich des Raumes der Gegenwart bleibt die rote Linie an die Person gebunden, sie verbindet die Lebensdaten Felix Nussbaums, die auf den Wänden des „Gehirns" sichtbar werden. Im hinteren Teil, ausgehend vom Davidstern, der auf die ehemalige Synagoge von Osnabrück ausgerichtet ist, weitet sich das Bezugssystem, es wird abstrakter und zeigt, wie Geist und Materie getrennt und wieder zusammengeführt werden. Es ist eine universelle Analyse, eine Wendung, die aber immer das Individuelle mitführt, symbolisiert durch den roten Faden, der schließlich alles zusammenfügt im unendlichen Kreislauf des Entstehens und Vergehens.

Zwischen Geburt und Tod erleben wir Situationen des Aufbruchs, der Trennung, der Isolation, des Zweifels und immer auch existenzielle Angst.

EXISTENZ

The centre of *Existenz,* the "brain" of the space, is the distorted cube, red light streaming from its window. From its interior, men's voices surge towards us; we hear excerpts from Felix Nussbaum's letters. The excerpts, both whispered and spoken, are superimposed to form a collage of sound, allowing the emerging thoughts to be experienced in acoustic form before being arranged on the walls of the *Raum der Gegenwart,* to be read one by one.

In the centre of one of the walls of the "brain" is an ancient symbol, the Star of David: the symbol of Israel and of the Jewish faith, but also symbolising the interweaving of the Mind (shown here by the taut white threads) and Matter (shown here by the taut black threads) – of the visible and invisible worlds – which only by coming together will form a whole. The dynamism originating from this symbol fills the exhibition space and adds a further dimension to the *Raum der Gegenwart.* Carried within both the black and the white threads is a red thread; the lifeline of the artist Felix Nussbaum. This lifeline traces the course of a life in abstract and concrete, the illustrative embodiment of the fate of a person who lived as an artist and was persecuted as a Jew.

At the front of the *Raum der Gegenwart,* the red thread remains joined to the individual, connecting the biographical details of Felix Nussbaum which are depicted on the walls of the "brain". To the rear of the space, originating from the Star of David which itself is oriented towards Osnabrück's former synagogue, the frame of reference expands, becoming more abstract and showing how Mind and Matter are separated and reunited once more. It is a universal analysis, a twist, but one that always carries the individual with it, symbolised by the red thread which finally draws everything together in the infinite cycle of creation and decay.

Between birth and death we experience situations of departure, separation, isolation, doubt, and we are always accompanied by an existential dread.

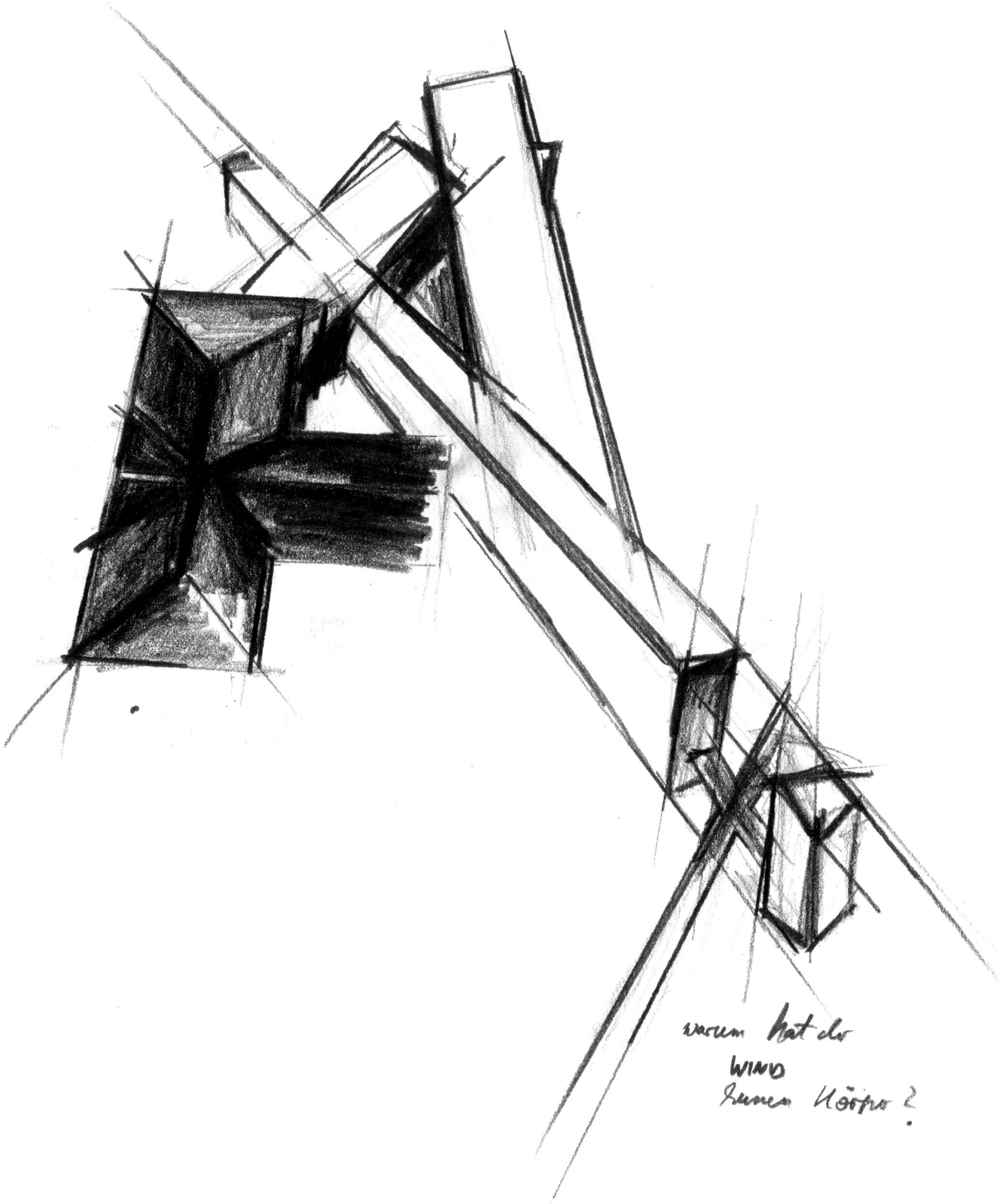
warum hat der
WIND
keinen Körper?

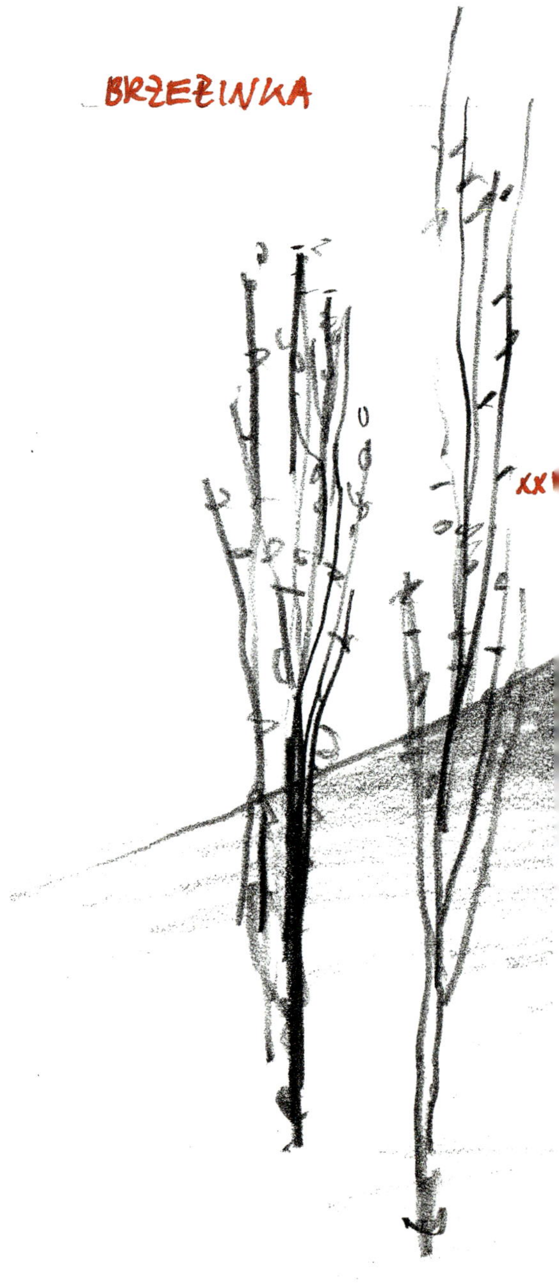
BRZEZINKA

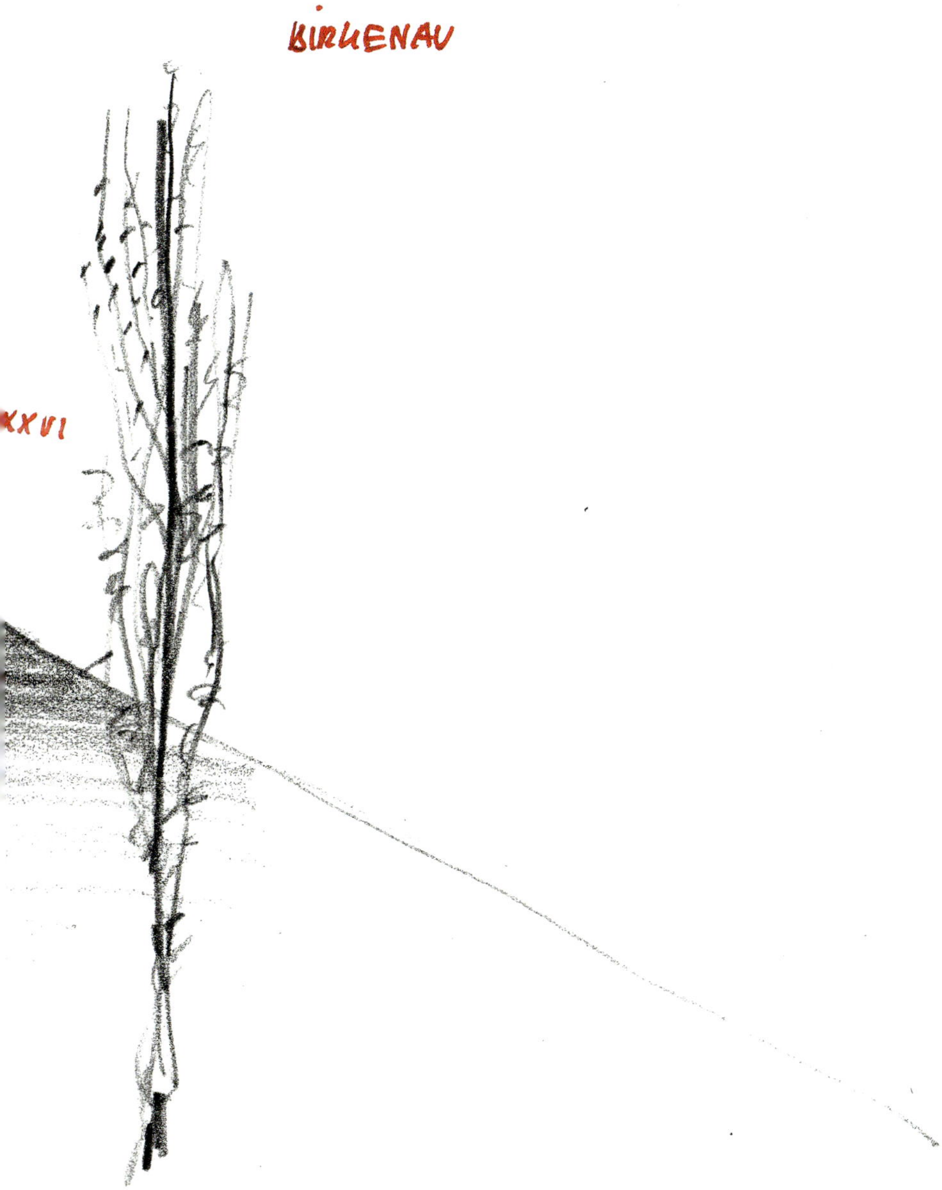
BIRKENAU
XXVI

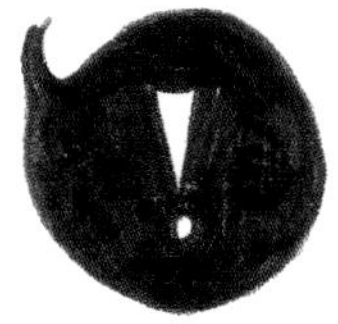

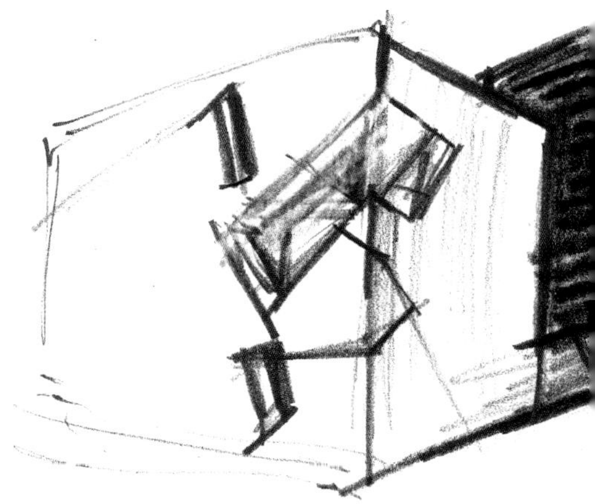

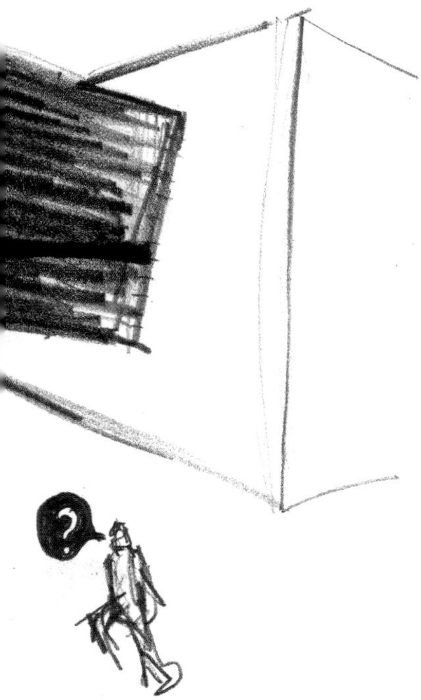

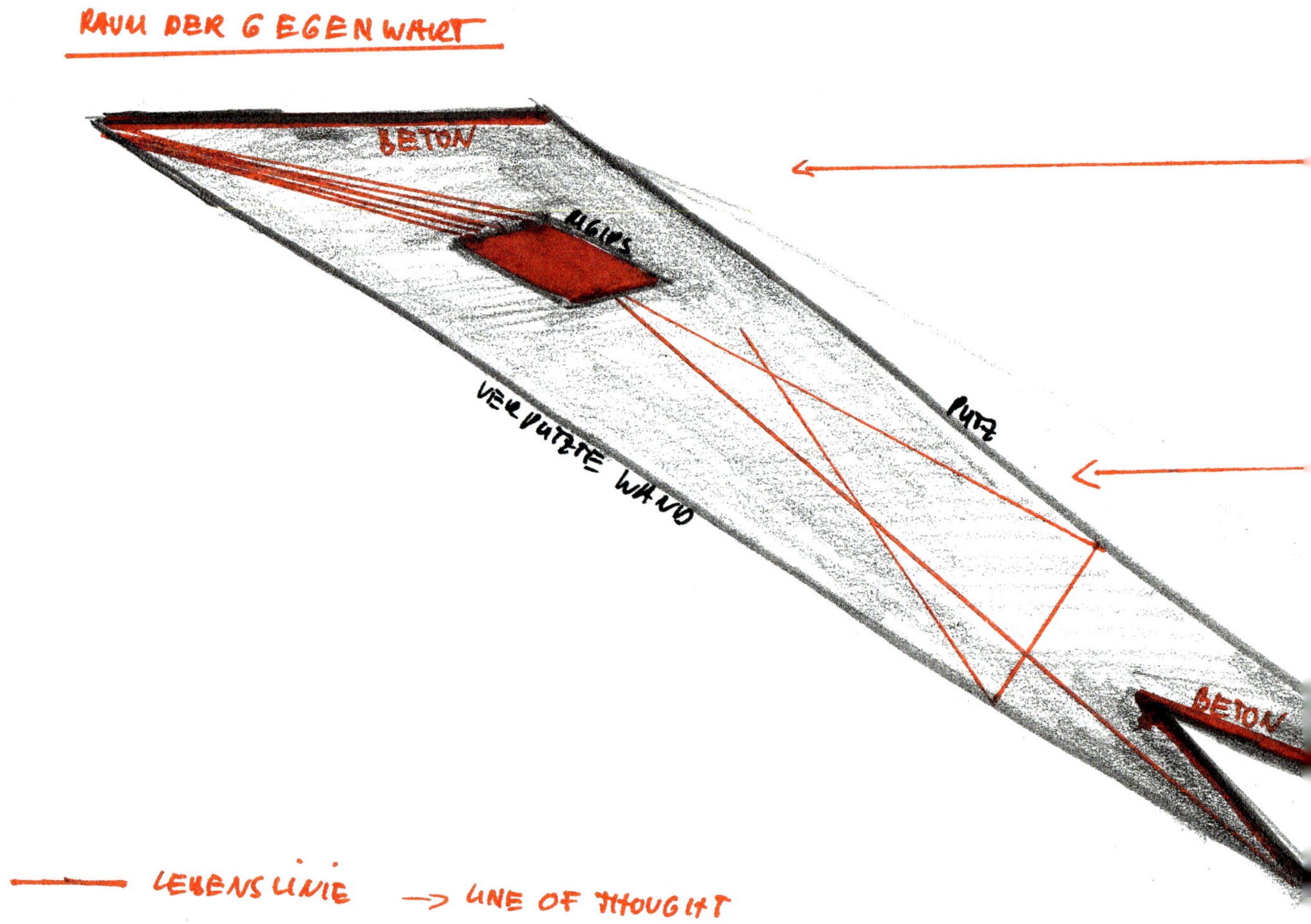
RAUM DER GEGENWART
BETON
GIPS
PUTZ
VERPUTZTE WAND
BETON
LEBENSLINIE
-> LINE OF THOUGHT

NDIVIDUELL

UNIVERSELL

DIE ZUKUNFT

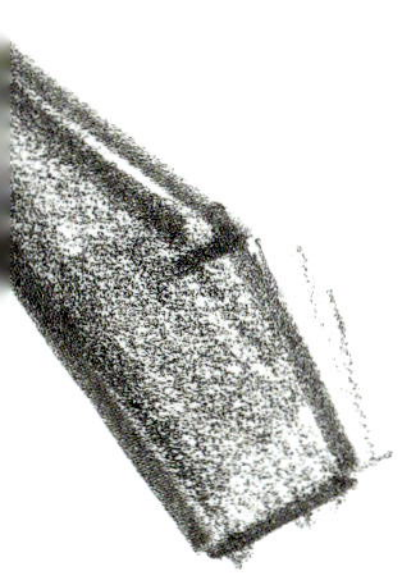

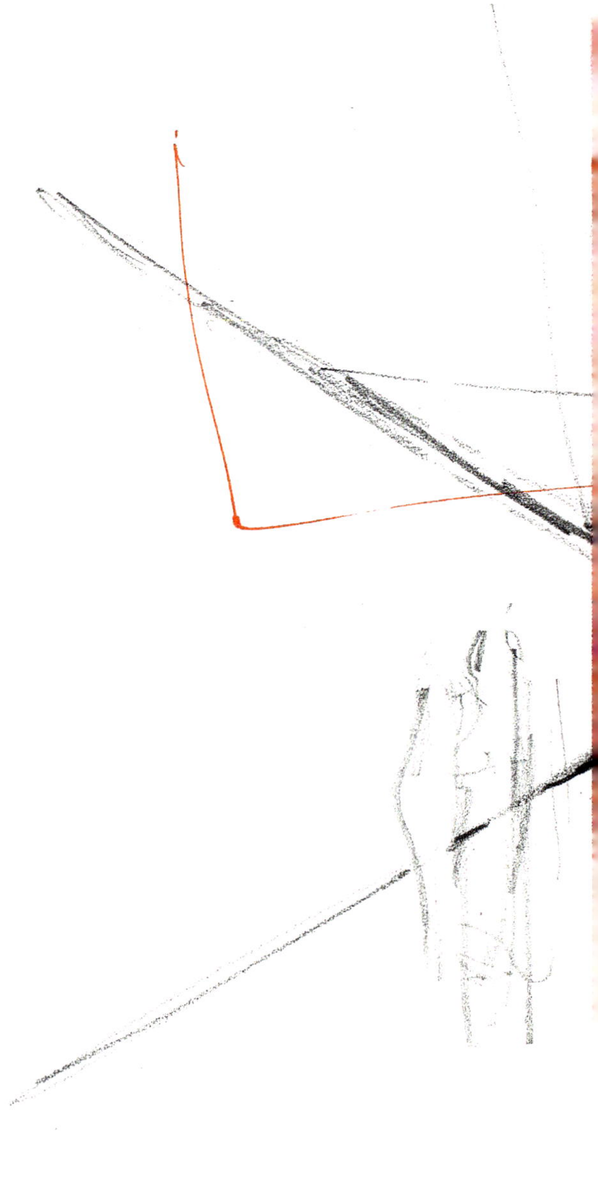

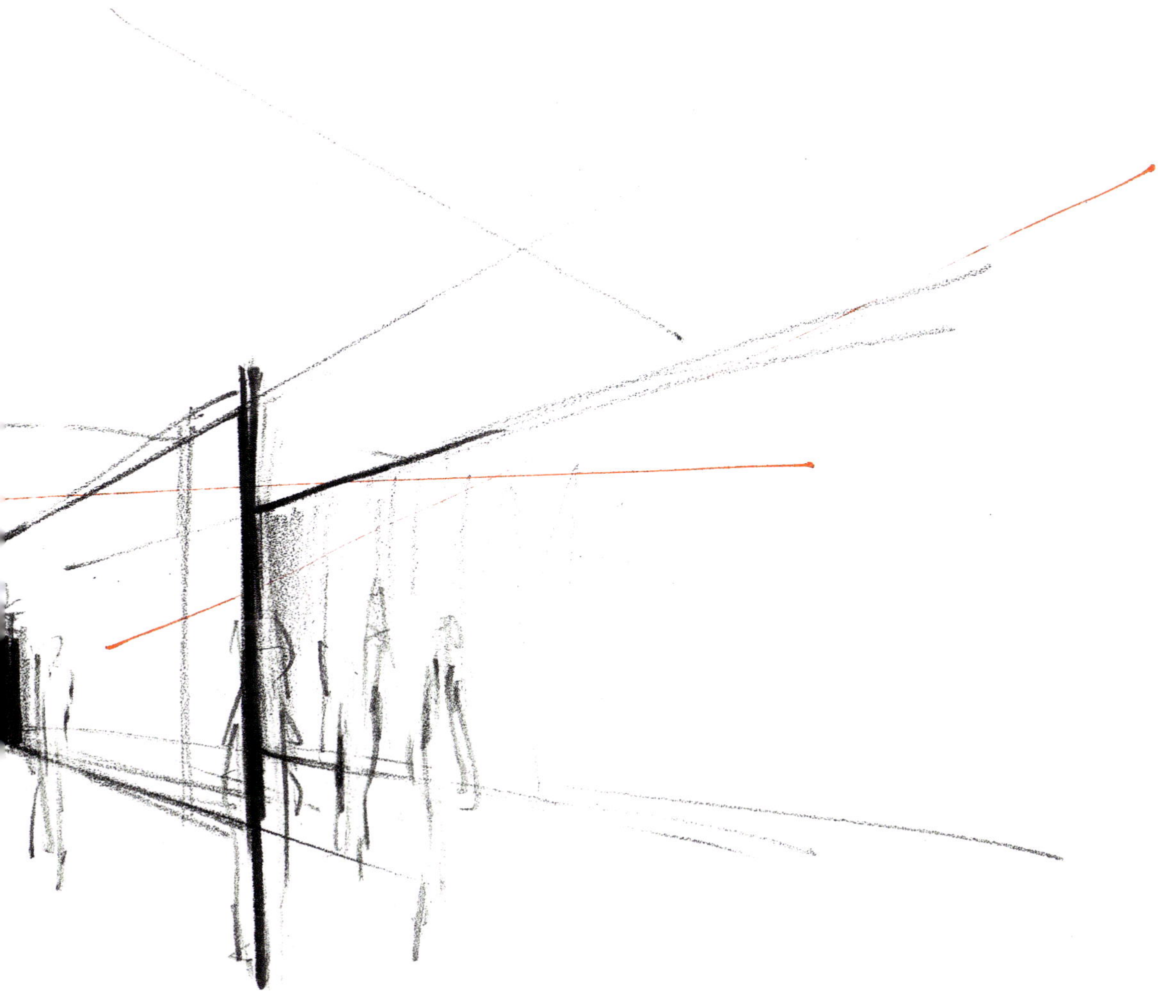

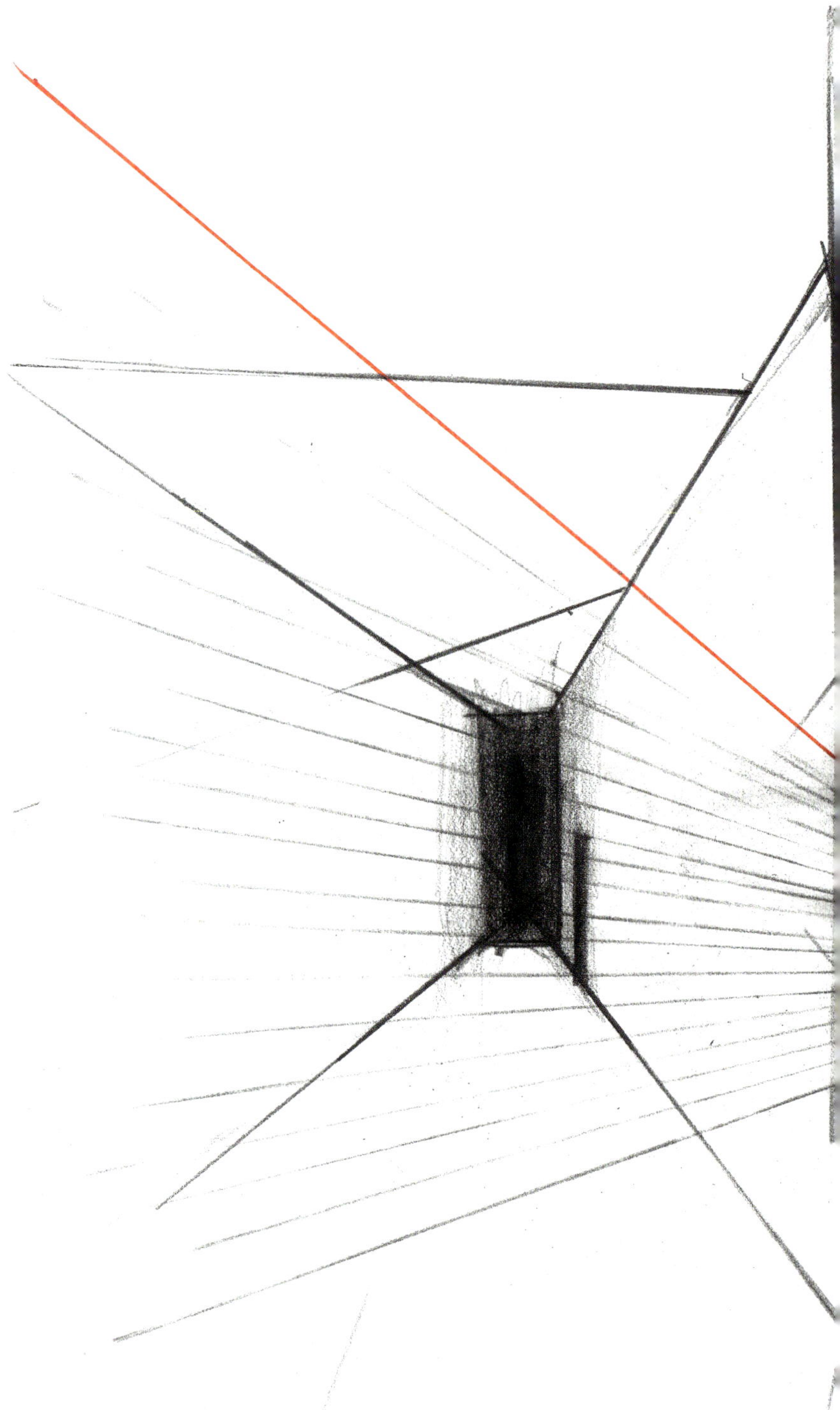

Ich will nicht halbgebildet, nicht gebildet sein.
ICH WILL WARTEN
Ich will mich freuen, etwas für mich
UNBEGREIFLICHES zu erfahren.
Glauben Sie nicht, dass ich wie ein großes
FRAGEZEICHEN in der Welt herumwandre
und noch nicht weiß, was ich denn nun fragen
soll.
Ist das Suchen eines Malers darum leichter?
VIELLEICHT
Ist man nicht eigentlich immer EINSAM?
Glauben Sie ja nicht, dass FREMDE HEIMAT
ist. Es liegt oft so dort – ohne ECHO zu schaffen
ist bedrückend. Man steht zwischen
unendlich vielen Bergwänden und ruft
und schreit, und kein ECHO klingt zurück.
Bedrückend auch sind die vielen Bilder
die man gemalt hat und malt und die
stumm auf Mansarden und sonstigen
Dachkammern herumstehen und sich
langweilen.
FRAGEZEICHEN an jeder Straßenecke. Ich
berichte hier nichts über unsere Aufenthalts-
schwierigkeiten allerorten.
[illegible] wir in [illegible], wo morgen?
Aber das ist ja nicht wichtig, in [illegible]
darf man ja nicht sein...
Ein NUSSBAUM hat recht, auf einem Fleck
zu stehen. Hoffentlich trägt mein Baum
mal Früchte.
... stets begleitet mit Rollen von Bildern und
einem großen Fragezeichen im Koffer.
Ich berichte nur aus dem Fremden, weil wir ja
heute im Zeitalter des "Fragen nach
EXISTENZ möglichkeiten" stehen.
Es ist ein trauriges [illegible], daß in unserem
ZEITALTER noch derartige Zustände
herrschen, dass noch in der Mitte Europas
[illegible]
sämtliche jüdische Männer [illegible] behandelt
worden.
Es ist [illegible] möchte ich sagen, fast verständlich,
daß das PUBLIKUM seine ZUFLUCHT
nach dem Harmlosen nimmt, nach dem LEICHTEN

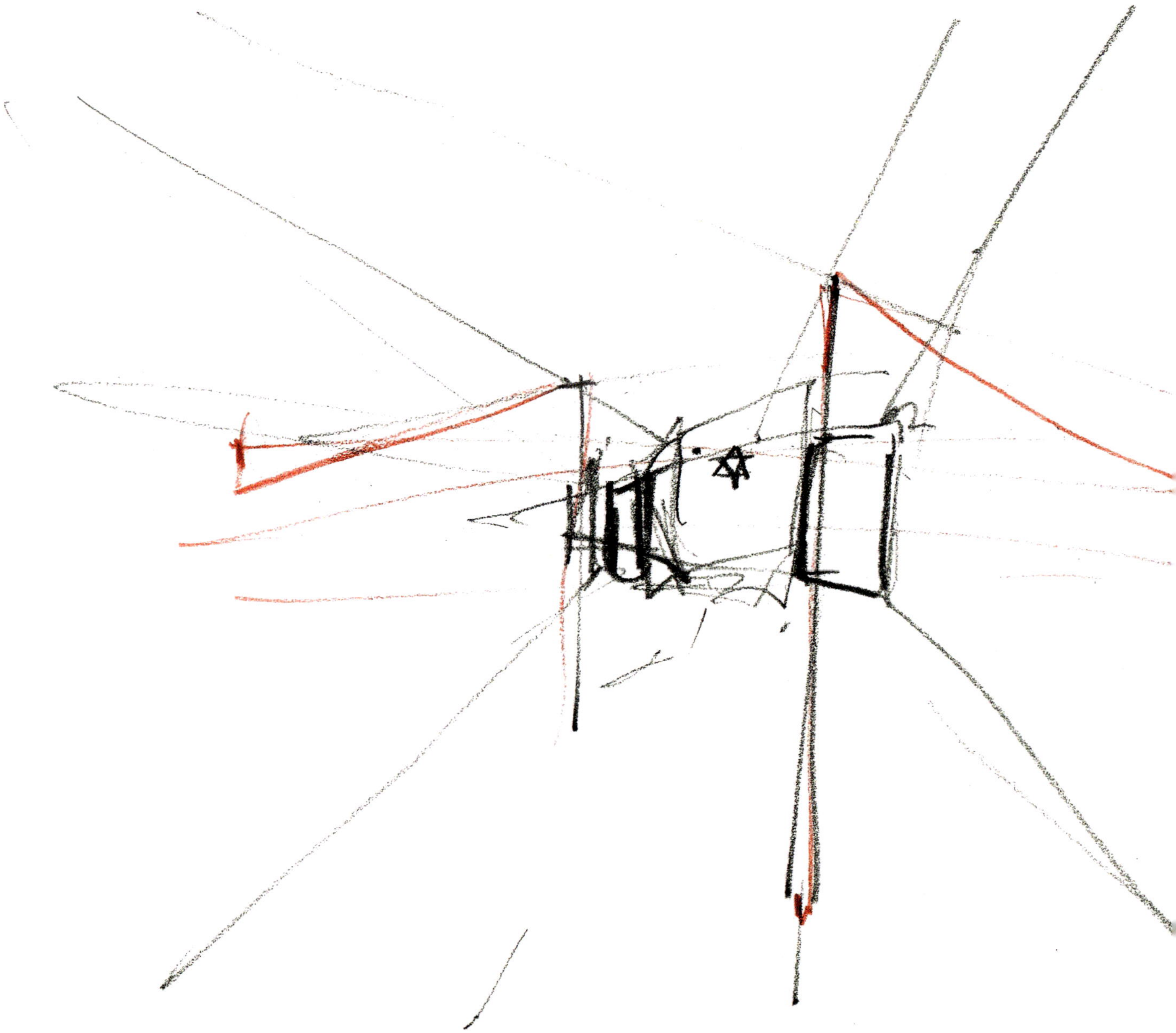

ne of thought

ebenslinie Felix Nussbaum

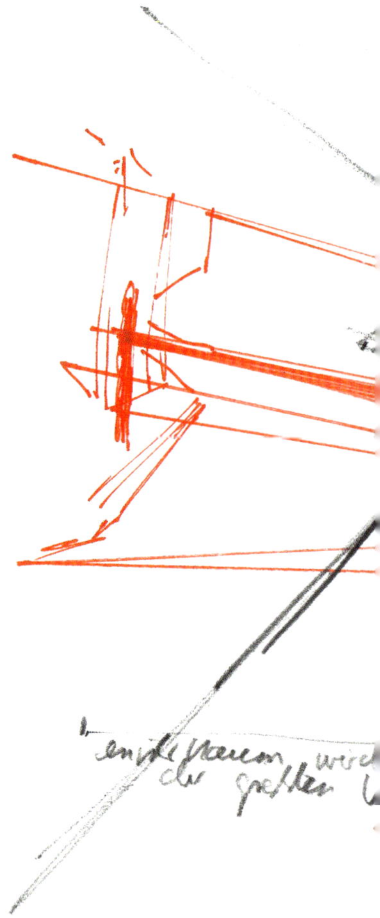

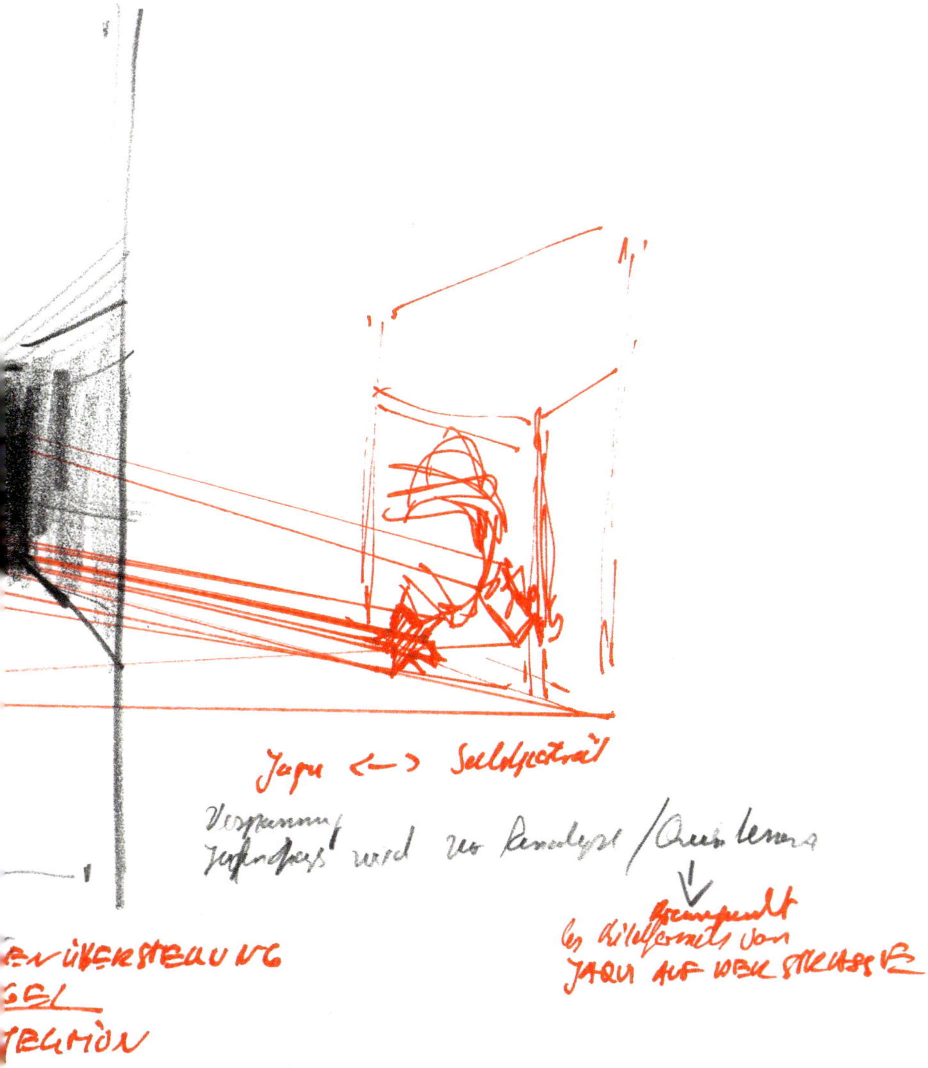

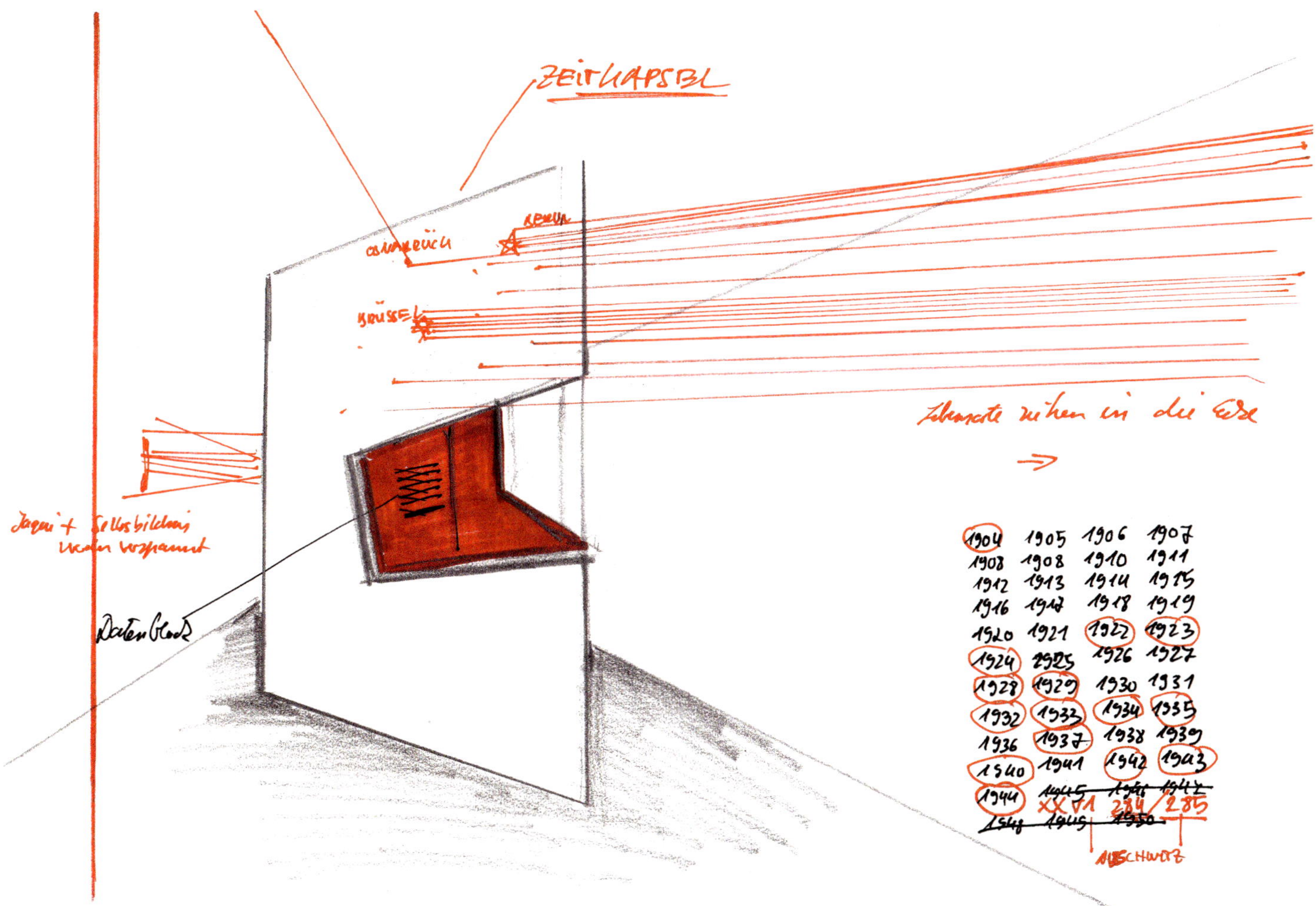
ZEITKAPSEL
Datenblock
1904 1905 1906 1907
1908 1908 1910 1911
1912 1913 1914 1915
1916 1917 1918 1919
1920 1921 1922 1923
1924 1925 1926 1927
1928 1929 1930 1931
1932 1933 1934 1935
1936 1937 1938 1939
1940 1941 1942 1943
1944
284/285
AUSCHWITZ

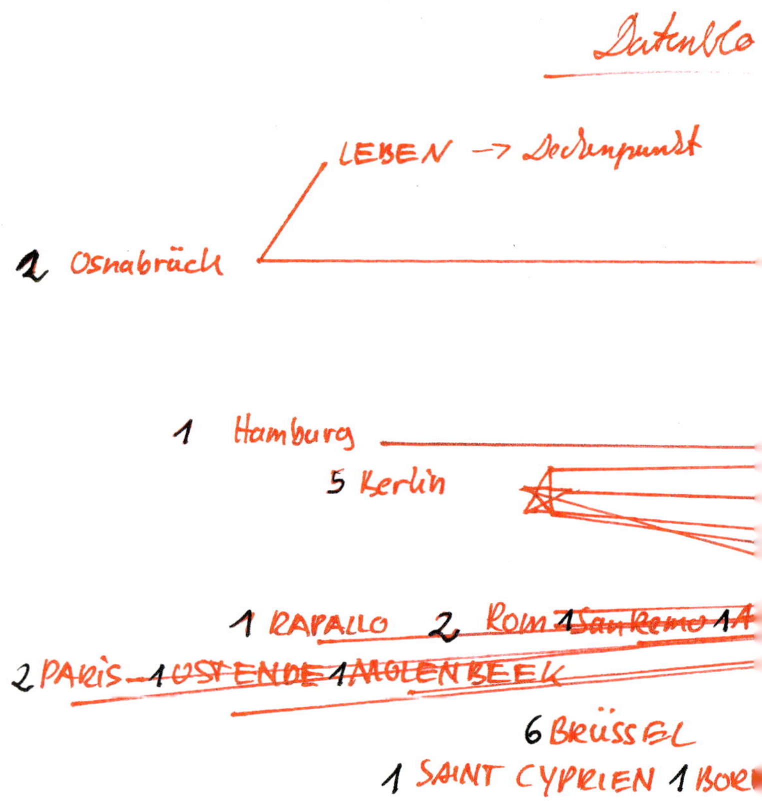
LEBEN →
2 Osnabrück
1 Hamburg
5 Berlin
1 RAPALLO
2 Rom
1 San Remo
2 PARIS
1 OSTENDE
1 MOLENBEEK
6 BRÜSSEL
1 SAINT CYPRIEN

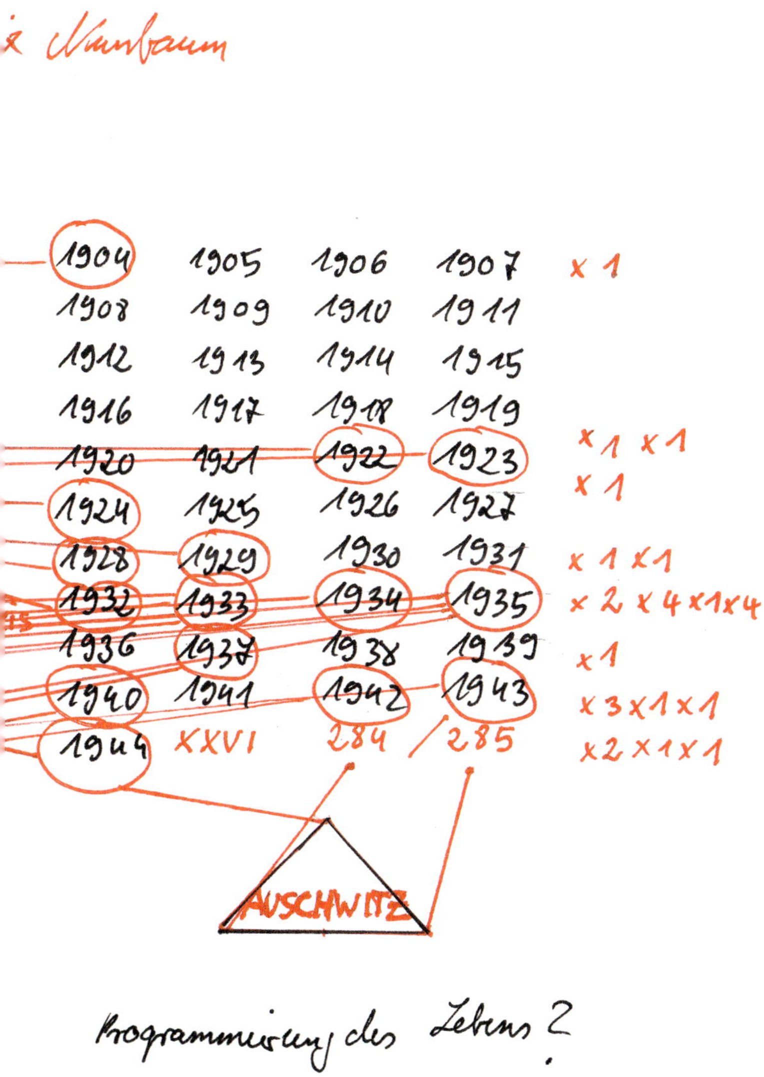
x Nussbaum
1904 1905 1906 1907 x 1
1908 1909 1910 1911
1912 1913 1914 1915
1916 1917 1918 1919
1920 1921 1922 1923 x 1 x 1
1924 1925 1926 1927 x 1
1928 1929 1930 1931 x 1 x 1
1932 1933 1934 1935 x 2 x 4 x 1 x 4
1936 1937 1938 1939 x 1
1940 1941 1942 1943 x 3 x 1 x 1
1944 XXVI 284 / 285 x 2 x 1 x 1
AUSCHWITZ
Programmierung des Lebens?

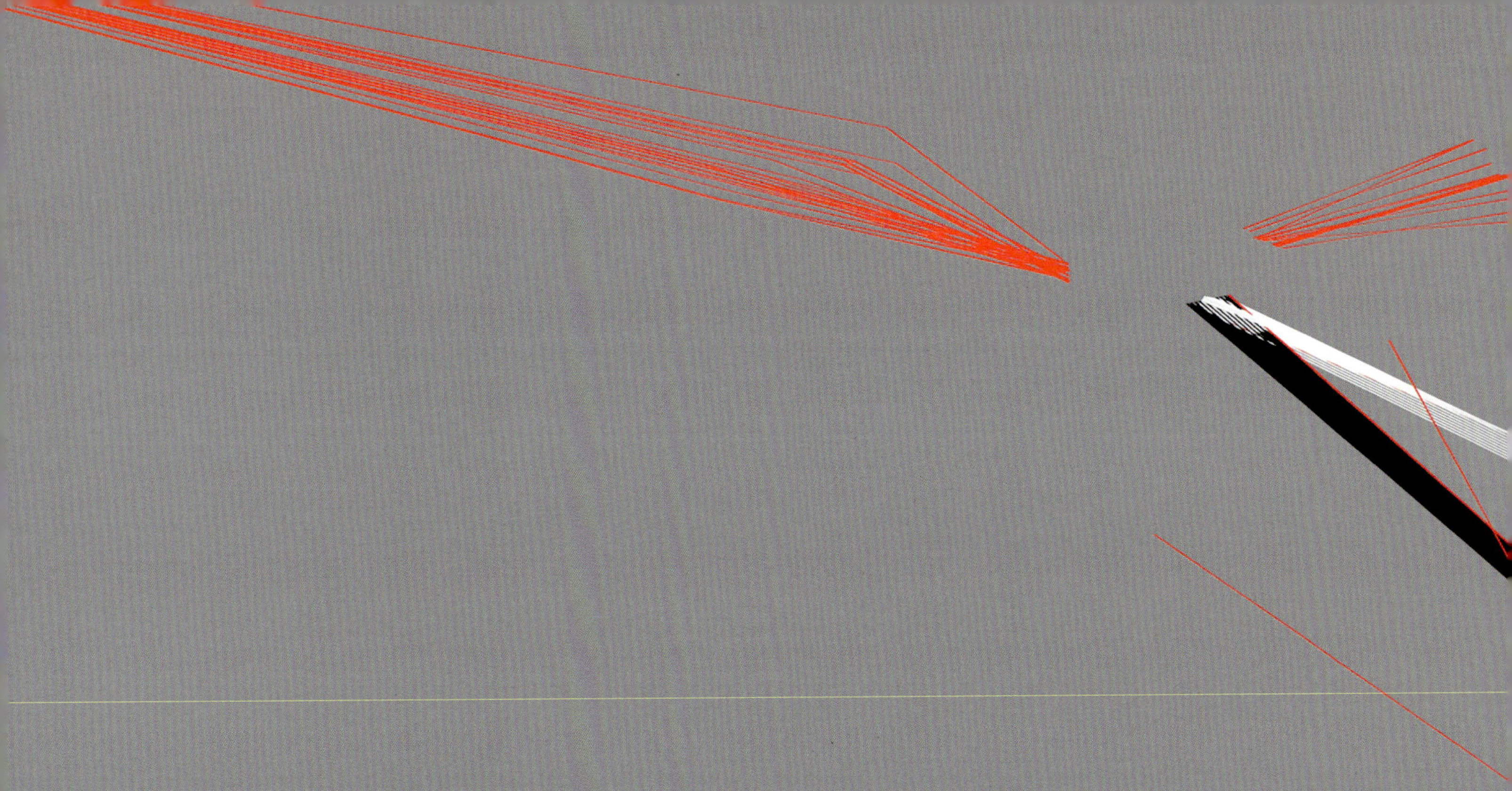

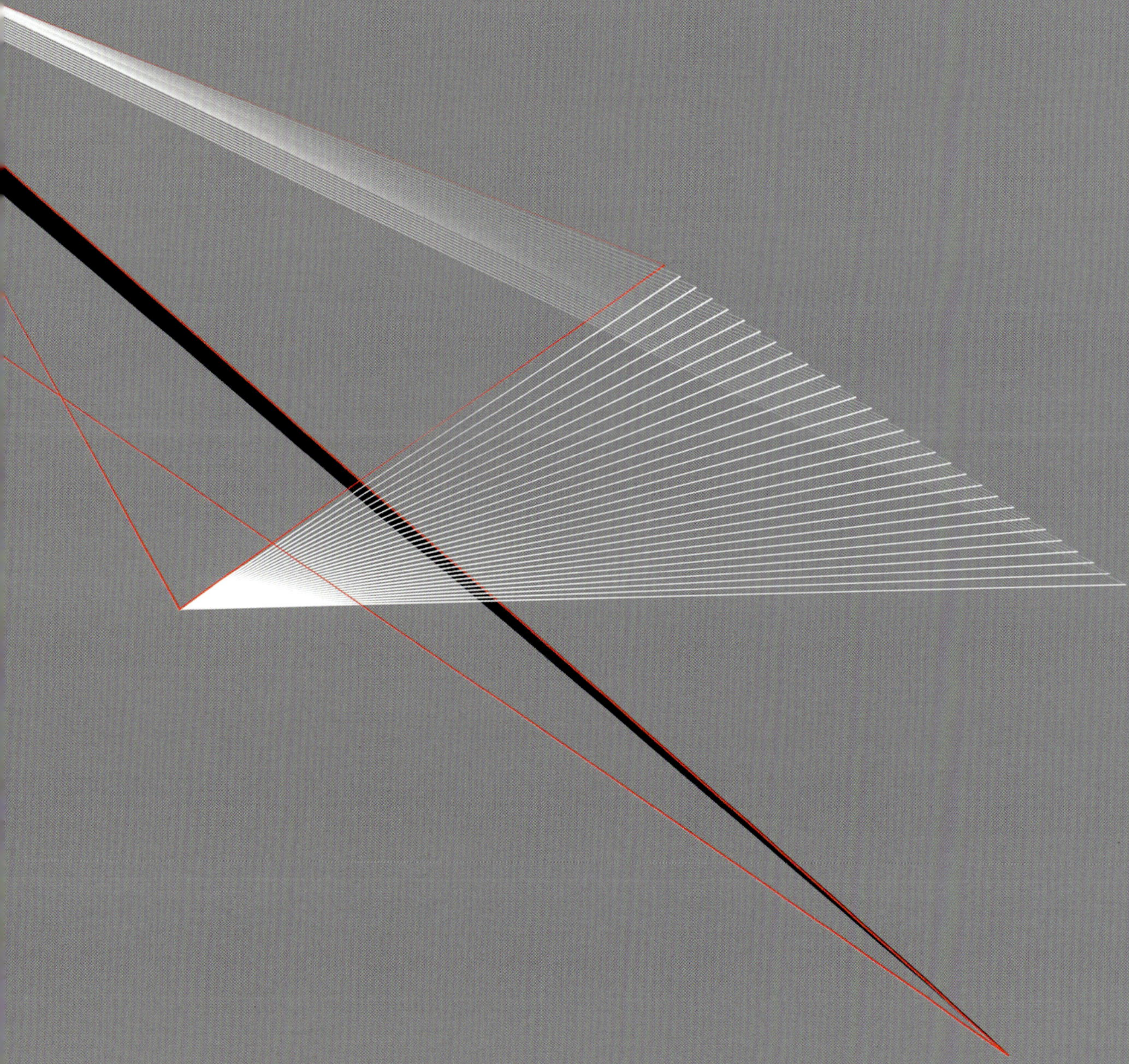

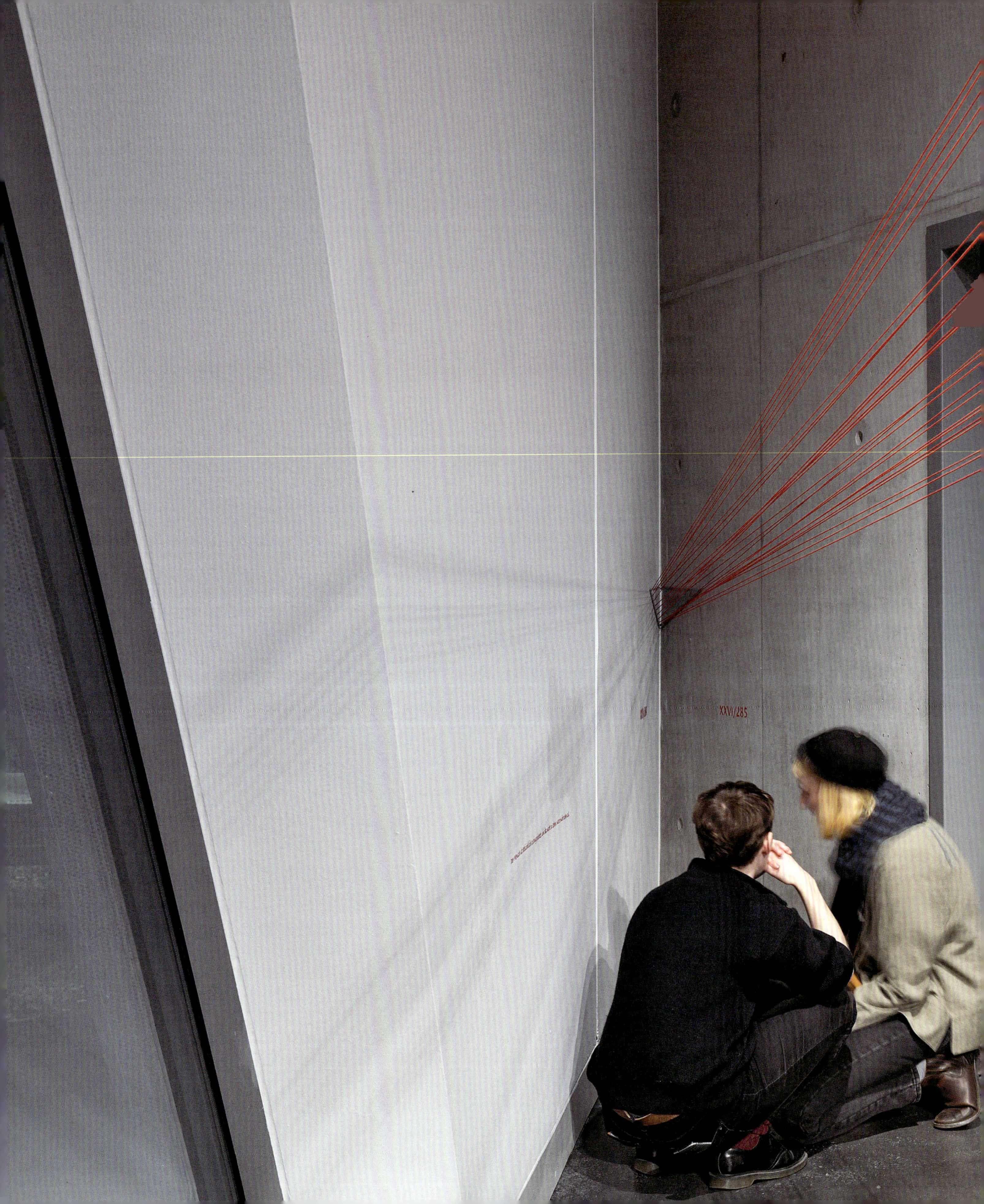

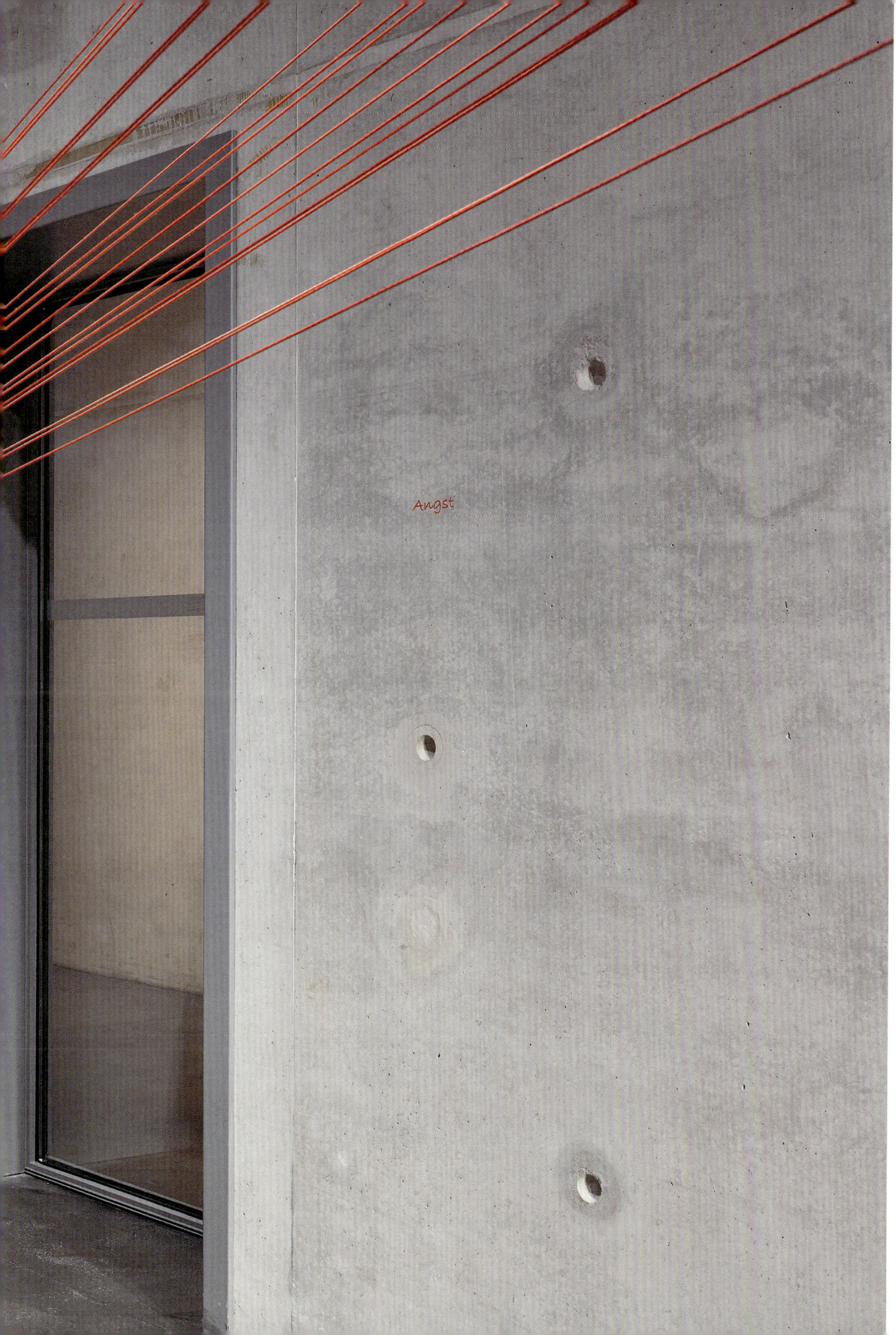
Angst

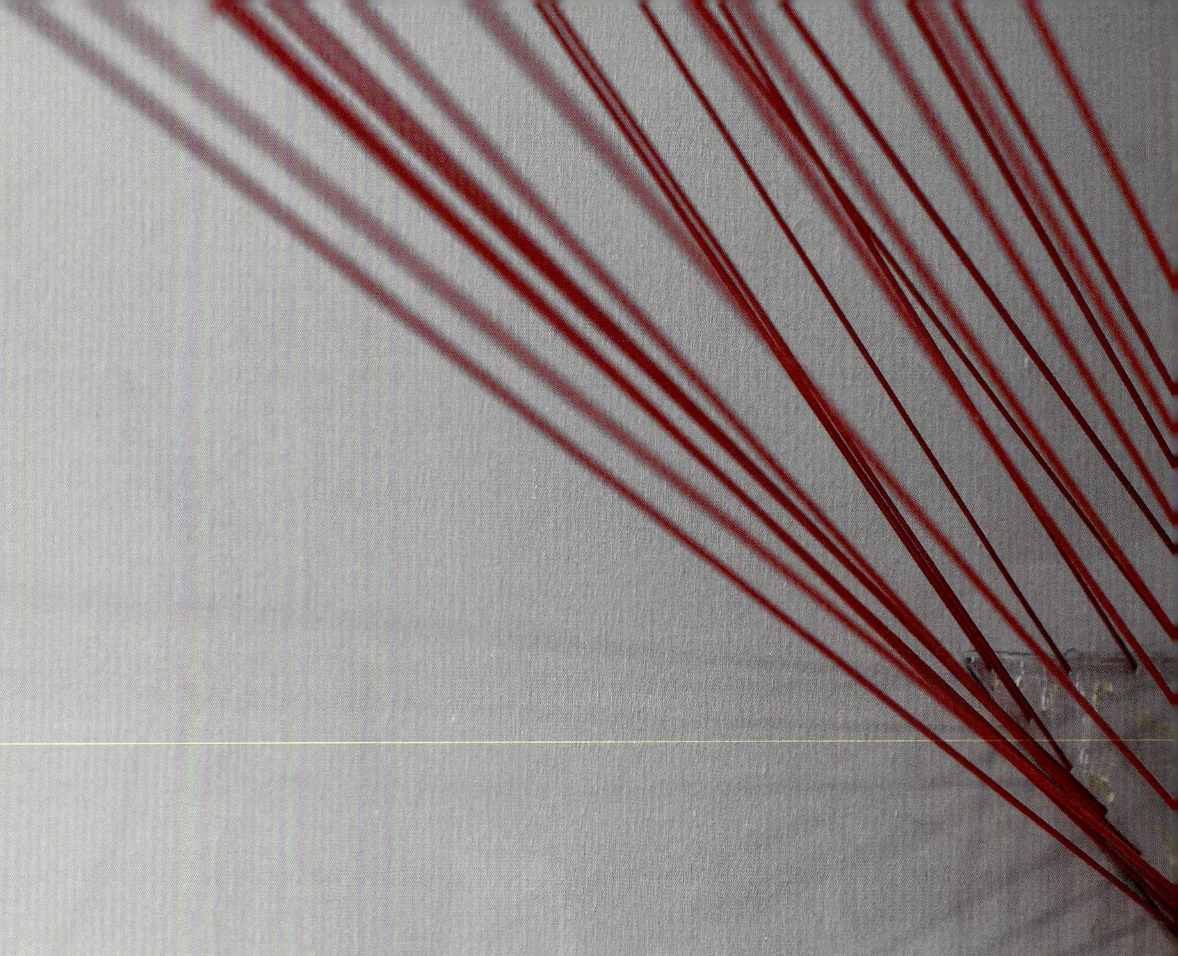

XXVI/284

XXVI/285

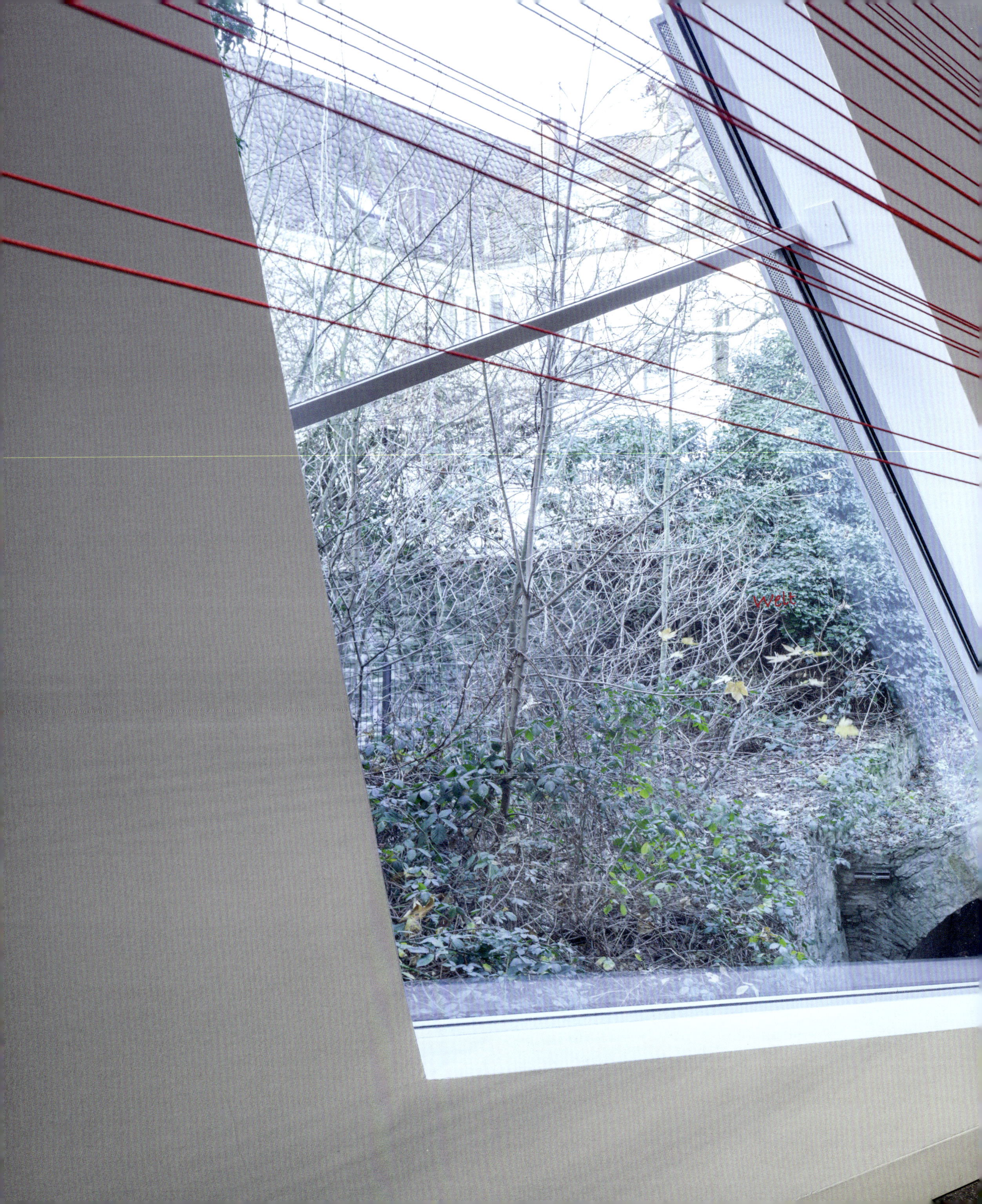
Welt

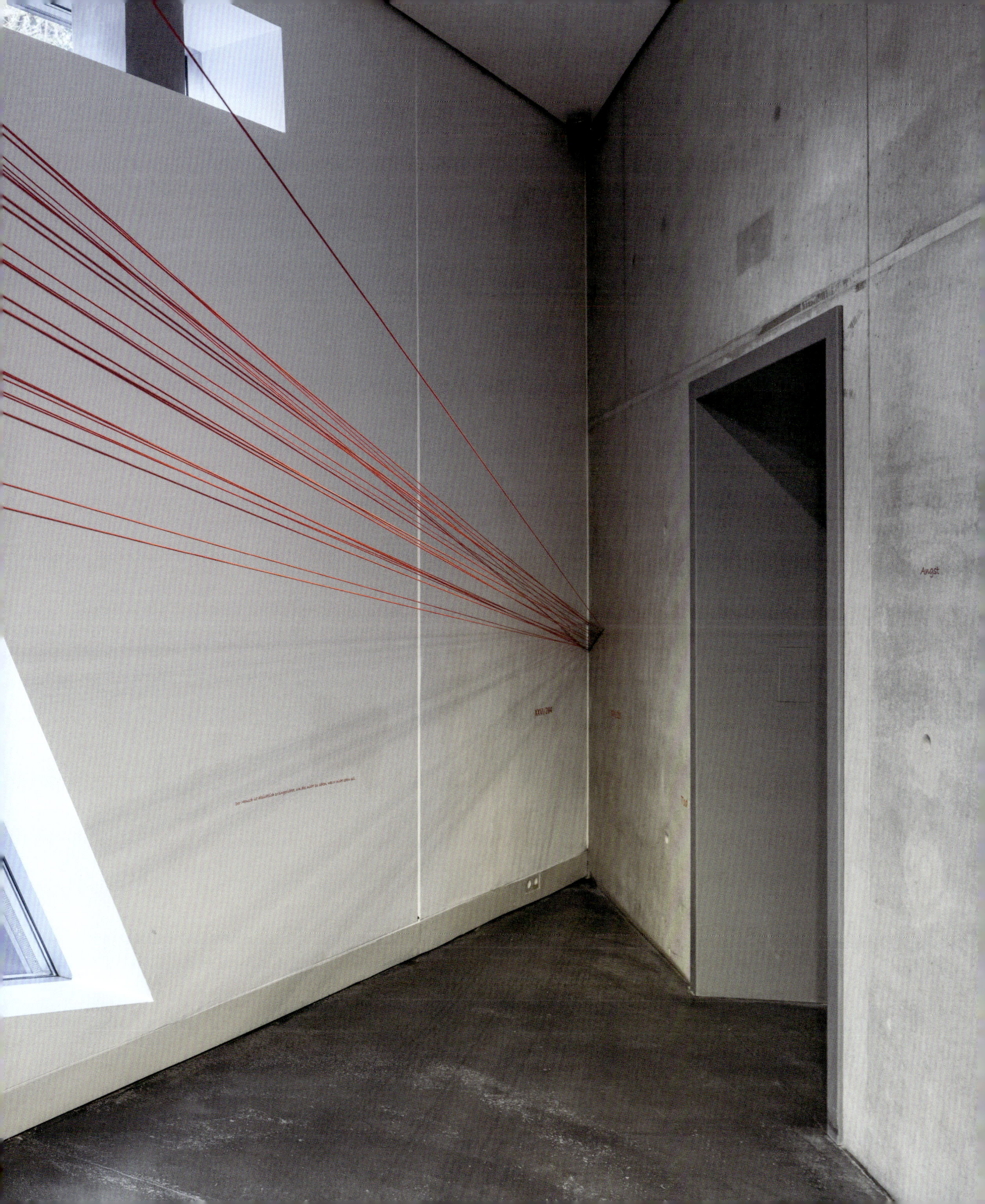

XXVI/284
Angst

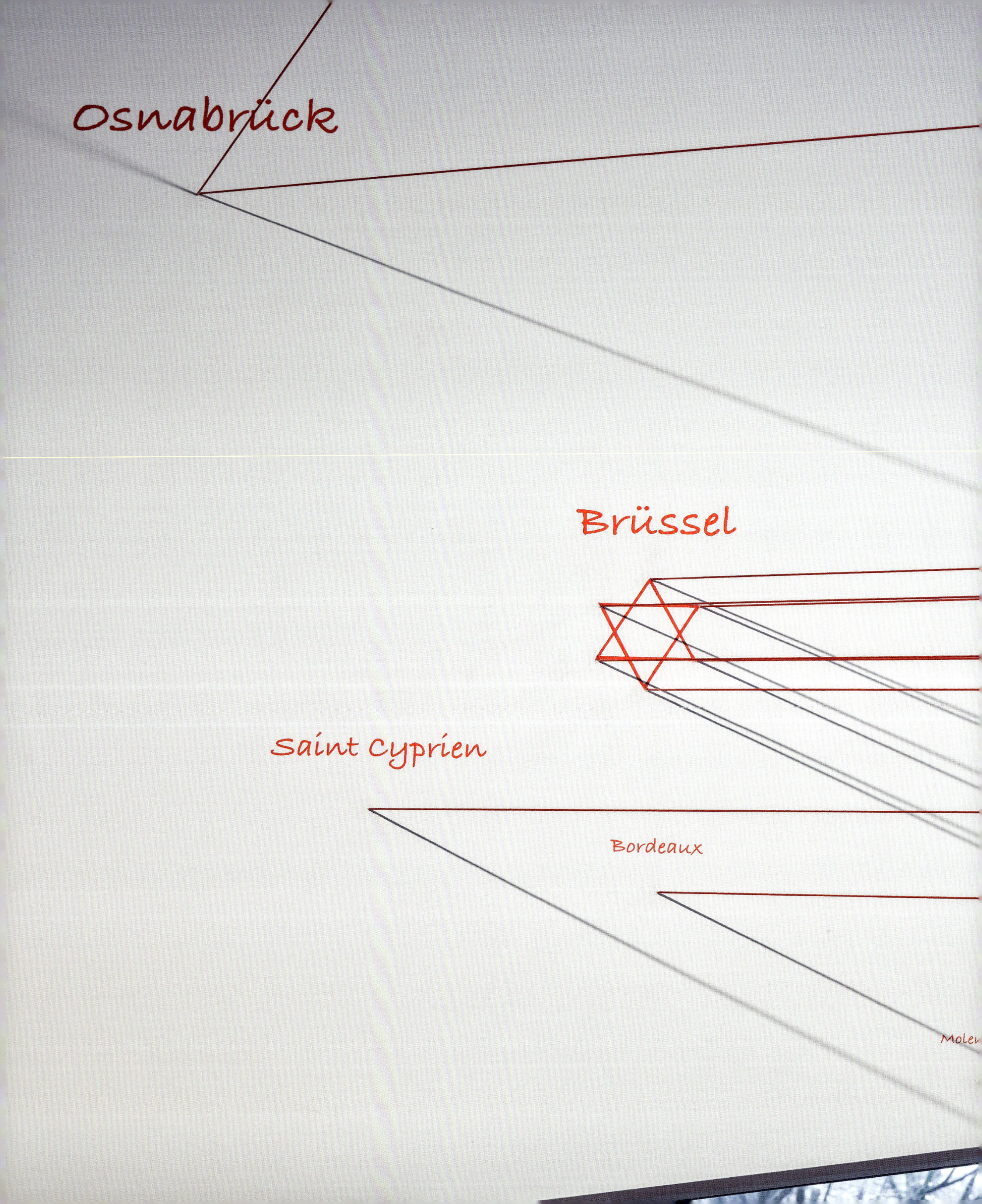
Osnabrück
Brüssel
Saint Cyprien
Bordeaux

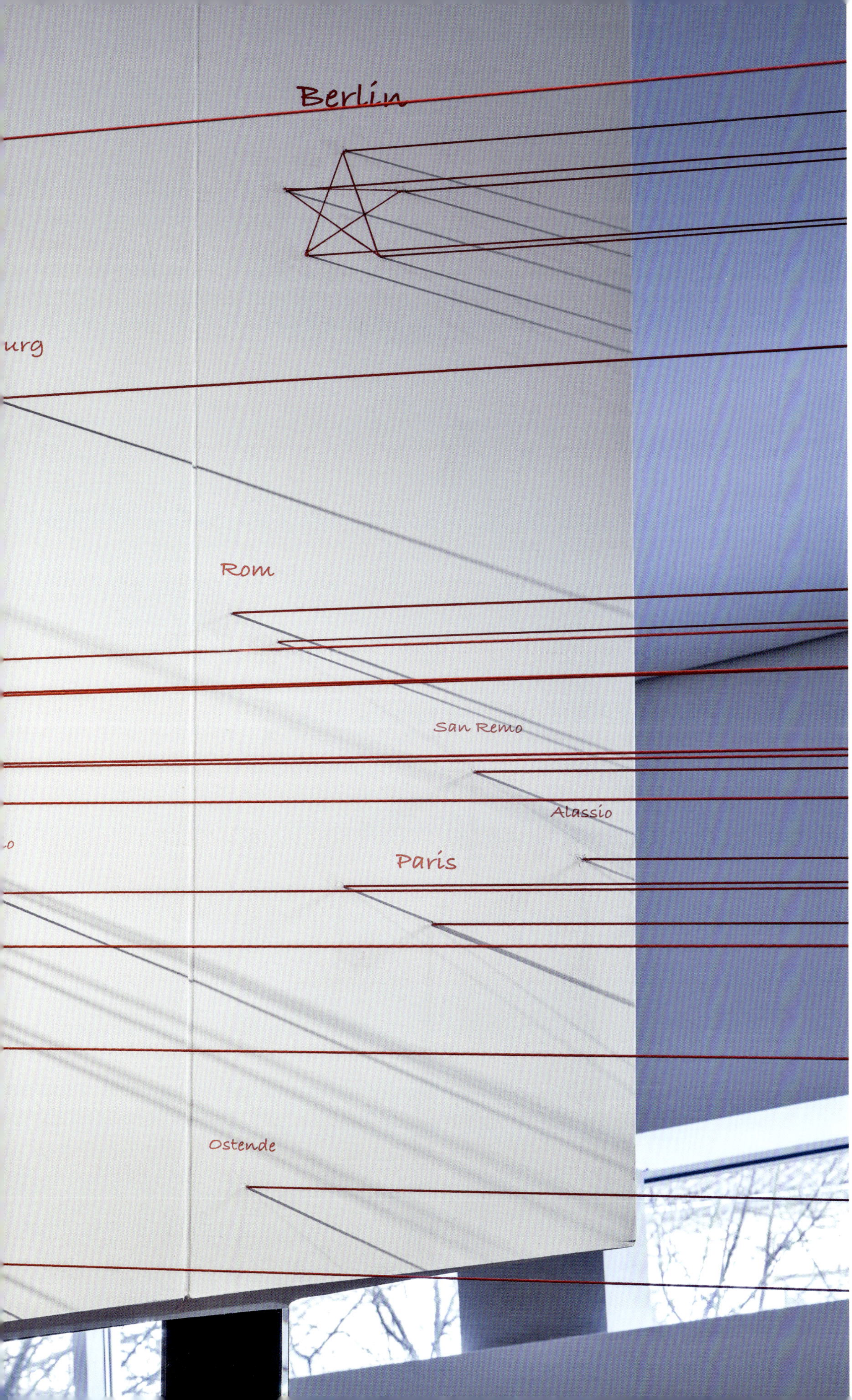
Berlin
urg
Rom
San Remo
Alassio
Paris
Ostende

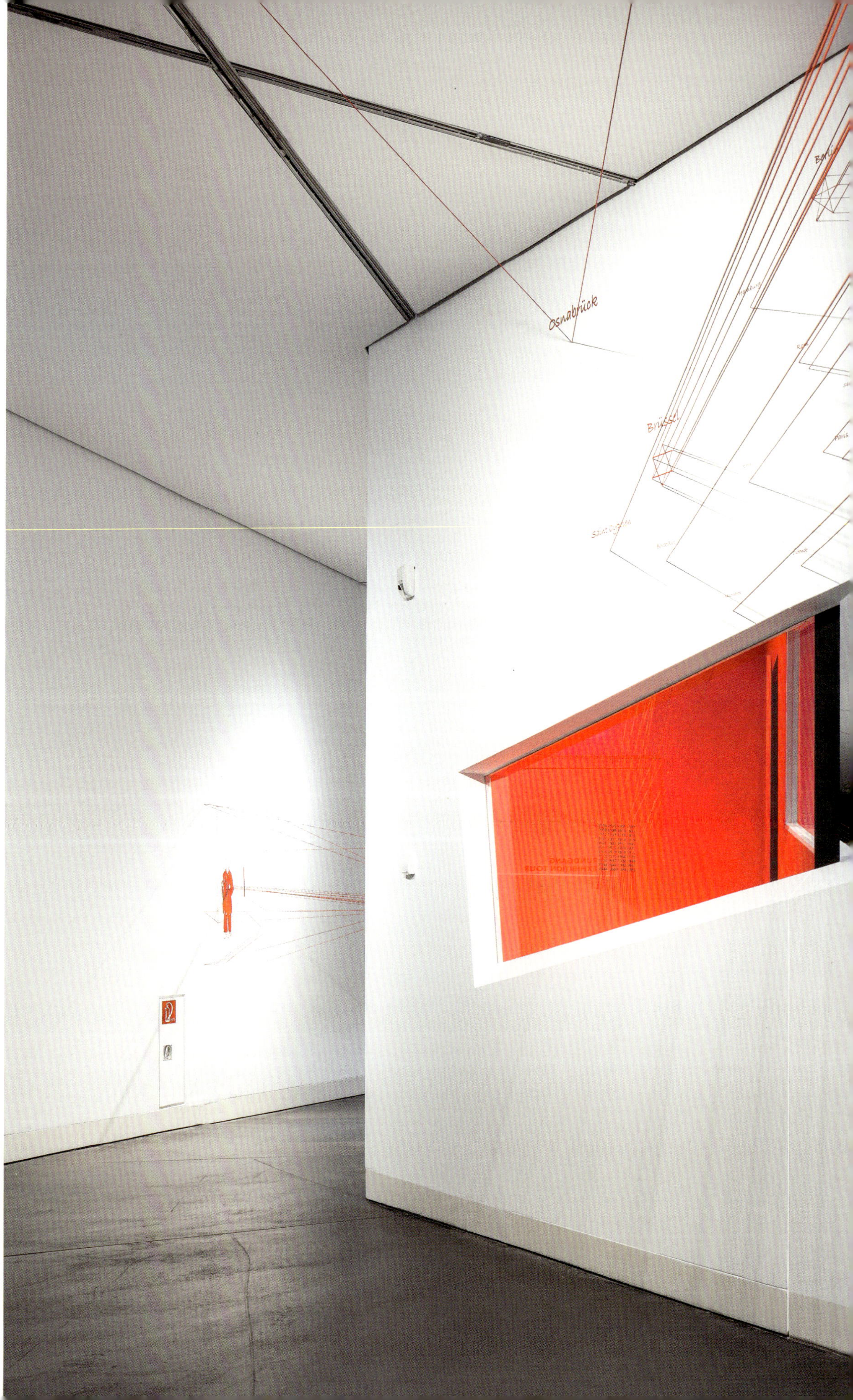
Osnabrück
Brüssel

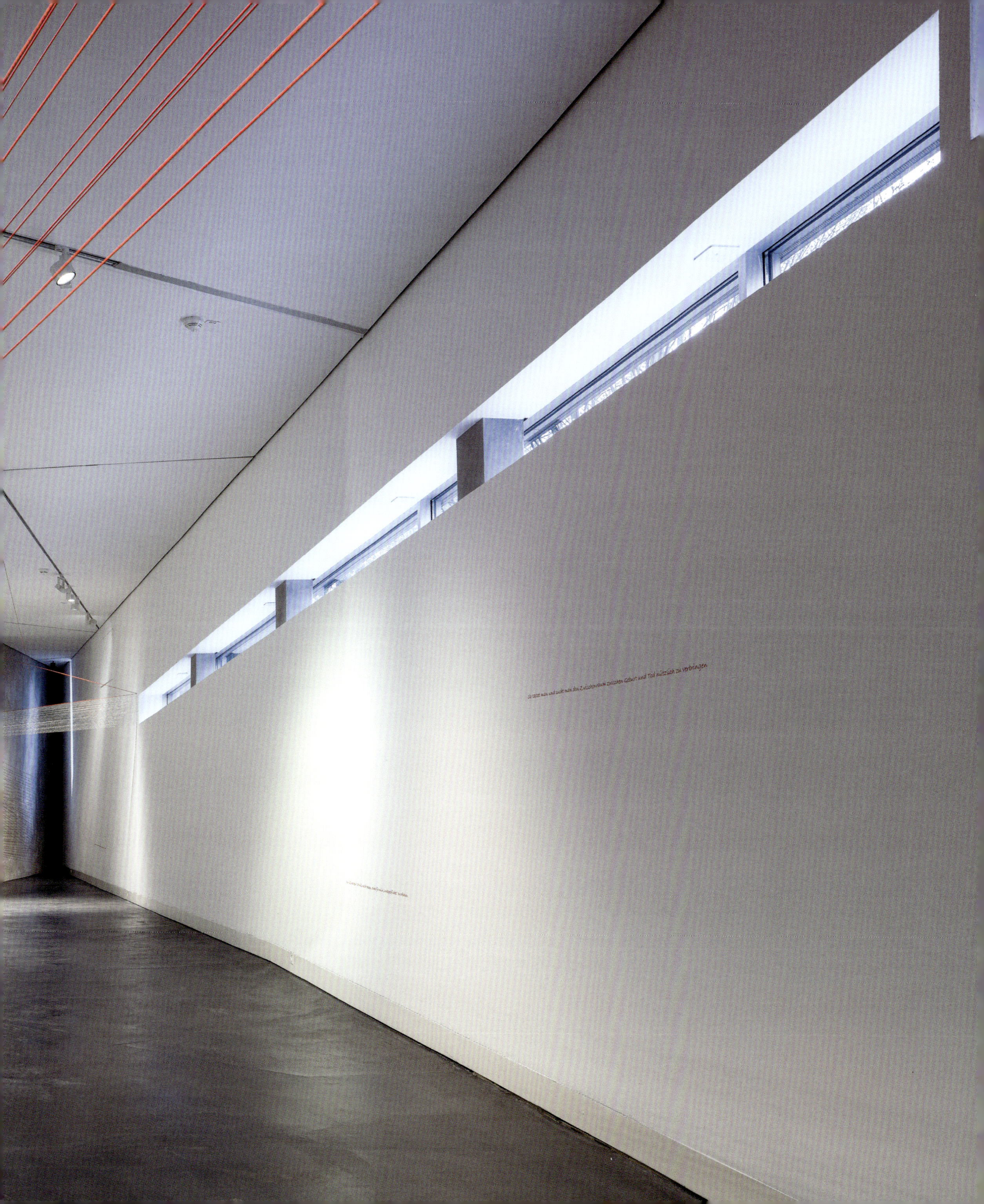
und sucht man den Zwischenraum zwischen Geburt und Tod nützlich zu verbringen

1904 1905 1906 1907
1908 1909 1910 1911
1912 1913 1914 1915
1916 1917 1918 1919
1920 1921 1922 1923
1924 1925 1926 1927
1928 1929 1930 1931
1932 1933 1934 1935
1936 1937 1938 1939
1940 1941 1942 1943
1944 XXVI 284/285

AUS DEN BRIEFEN VON FELIX NUSSBAUM

Ich will nicht halbgebildet, nicht gebildet sein. Ich will warten! Ich will mich freuen, etwas für mich „Unbegreifliches" zu erfahren.

Glauben Sie ruhig, dass ich wie ein großes Fragezeichen in der Welt herumwandre und noch nicht weiß, was ich denn nun fragen soll!

Der Mensch ist absichtlich so eingerichtet, um das nicht zu sehen, was er nicht sehen soll.

Ist das Suchen eines Malers darum leichter? Vielleicht.
Ist man nicht eigentlich immer einsam?
Glauben Sie ja nicht, dass Fremde Heimat ist.
Ob hier oder dort – ohne Echo zu schaffen, ist bedrückend. Man steht zwischen unendlich vielen Bergwänden und ruft und schreit, und kein Echo klingt zurück. Bedrückend auch sind die vielen Bilder, die man gemalt hat und malt und die stumm auf Mansarden und sonstigen Dachkammern herumstehen und sich langweilen.

Jetzt sind wir in Brüssel, wo morgen?
... stets bepackt mit Rollen von Bildern und einem großen Fragezeichen im Koffer.

Ich frage nur aus dem Grunde, weil wir ja heute im Zeitalter der „Fragen nach Existenzmöglichkeiten" stehen. Es ist ein trauriges Bewusstsein, dass in unserem Zeitalter noch derartige Zustände herrschen, dazu noch in Mitteleuropa.

Es ist, möchte ich sagen, fast verständlich, dass das Publikum seine Zuflucht nach dem Harmlosen nimmt, nach dem Leichten, und die die Seele erregenden Dinge ablehnt, denn die Zeit ist zu schwer, um die eigenbrötlerische Welt, die sich ein Maler aufbaut, mitzuerleben, denn er erlebt sie ja selbst gewissermaßen im Geschäft, auf der Straße, überall, und es sind die Quellen eben, aus denen der Maler schöpft.

So tastet man und sucht man den Zwischenraum zwischen Geburt und Tod nützlich zu verbringen.

..., so ist mein Tag stets ganz ausgefüllt mit Arbeit, noch mehr als das, denn ich bin von höllischem Ehrgeiz besessen, außer Geldverdienenmüssen auch noch meine sogenannten verrückten Bilder weiterzumalen.

Die Begeisterung zur Kunst ist trotz der Zeit, in welcher wir leben, nicht beeinträchtigt worden, im Gegenteil sogar.

Ich bin es gewohnt, und wohl begabt, wie man sagt, durch Farbe und Form und ebenfalls auch gesprochenes oder geschriebenes meine innersten Gefühle zum Ausdruck zu bringen.

Und wenn ich dieses imstande sein sollte so auszudrücken, wie es in meiner Seele klingt – wie viel Liebe bricht da ein in die Finsternis, wie bejahend wird dann das Leben trotz seiner Gefahren, drohenden Abgründe, unergründlichen Meere, seiner Klippen, seiner dornigen Blumen.

FROM THE LETTERS OF FELIX NUSSBAUM

I don't want to be half-educated, uneducated. I want to wait! I am happy to experience something that is "incomprehensible" to me.

Believe me when I say that I wander around in the world like a large question mark and I don't yet know what I should now be asking!

People are deliberately designed so they don't see what they shouldn't see.

Is a painter's quest therefore easier? Perhaps. Ultimately, isn't one always alone? Don't you think that the foreign is home. Whether here or there, not creating an echo is depressing. One stands between an infinite number of mountain faces and calls and cries out, and no echo comes back. Also depressing are the many pictures which one has painted, and is painting, and which stand dumb and motionless in attics and other garrets and are bored.

Now we are in Brussels; where will we be tomorrow? ... always loaded with rolls of pictures and a large question mark in the case.

I only ask because today we are certainly in the age of "questions about existential possibilities". It is a sad awareness that in our age, such conditions still prevail, in central Europe as well.

It is, I would like to say, almost understandable that the public resorts to the inoffensive, the easy and declines those things that stir the spirit, for times are too hard to experience the solitary world which a painter constructs, for he certainly experiences it to some extent in business, on the street, everywhere, and it is precisely the source that the painter draws on.

Thus one fumbles around and looks to spend the space between birth and death usefully. ..., so my day is always completely filled up with work, even more than that, for I am possessed by an infernal ambition, apart from having to earn money, to also still keep on painting my so-called crazy pictures.

The enthusiasm for art is, despite the times in which we live, not impaired, quite the opposite, in fact.

I am used to it, and probably talented, as they say, through colour and form and likewise also to express my innermost feelings, spoken or written.

And if I should be able to express how it sounds inside my soul - how much love breaks into the darkness there, how affirmative life becomes then, despite its dangers, the looming chasms, the unfathomable seas, its cliffs, its thorny flowers.

Ich bin es gewohnt, und wohl begabt, wie man sagt, durch Farbe und Form und eben-gesprochenes oder geschriebenes meine innersten Gefühle zum Ausdruck zu bringen.

BRIGITTE WALDACH – EXISTENZ

Wenn die Besucherinnen und Besucher das Felix-Nussbaum-Haus durch die schwere Eisentür betreten, die sich automatisch öffnet, um dann mit einem Donnern zuzufallen, finden sie sich in einem dunklen, schmalen Gang mit rauen Betonwänden wieder. Nach wenigen Schritten in der Enge fällt Licht durch ein türhohes Fenster in das Dunkel. Durch dieses blicken sie in den „Raum der Gegenwart", in dem sich die Installation *Existenz* von Brigitte Waldach in die Architektur Daniel Libeskinds gewissermaßen hineingelegt hat.

Wie ein Bild rahmt das Fenster einen Ausschnitt der Installation als Prolog zu der künstlerischen Intervention: Im oberen Drittel des Rechtecks werden schräg im Raum verlaufende rote Linien sichtbar, deren Anfangs- und Endpunkte aus dieser Perspektive unklar sind. Dahinter zieht sich der Raum mit seinen in Sackgassen führenden Wänden in die Tiefe. Im Vordergrund steht ein Wort geschrieben: Existenz. Im Hintergrund, auf dem Fenster, das sich zur Natur öffnet, findet sich ein weiterer Begriff: Welt. Darunter ein Satz: „Der Mensch ist absichtlich so eingerichtet, um das nicht zu sehen, was er nicht sehen soll."

Bereits an dieser Stelle verbildlicht sich in der klugen Verschränkung von innen und außen, von Vorder-, Mittel- und Hintergrund die Vielschichtigkeit der Installation sowie Waldachs Interesse an dem Raum an sich. Im Atelier befragt sie auf Papier, mitunter auf wandfüllenden Formaten, die Facetten von (Bild-)Raum: den landschaftlichen, architektonischen oder auch den unendlichen Raum des Universums. In ihren Raumzeichnungen verlässt sie die Fläche und verspannt Bänder, die so in die dritte Dimension ausgreifen; unter Einbezug von Sound arbeitet sie dann auch sinnlich multidimensional und erzeugt einen komplexen Wahrnehmungs- und Erfahrungsraum.

Beim Betreten des Raumes der Gegenwart erkennt man den Ursprung der Lineatur: ein raumhoher Einbau mit Fenstern, aus dessen Innerem es intensiv rot strahlt. Diese von Libeskind entworfene fest installierte Vitrine wurde von der Künstlerin ins Zentrum ihrer Installation gerückt und als deren „Gehirn" bezeichnet. Neben den Punkten, an denen die Linien aus der Wand treten, stehen Ortsnamen: Berlin, Brüssel, Rom, Ostende, Saint Cyprien und weitere. Eine der vielen Linien führt von der Wand zur Decke und schlägt dann senkrecht in den Boden ein. Sie entspringt dem Geburtsort Felix Nussbaums: Osnabrück. Der Blick in die Vitrine zeigt auf deren Rückwand einen Block von Jahreszahlen, die mit 1904 beginnen und mit 1944 enden: die Lebensdaten Nussbaums. Hier nehmen die Linien ihren Anfang. Hinter 1944 setzt eine chiffreartige Zahlenkombination den Schlusspunkt: XXVI/284/285.

Die Verbindung von Jahreszahlen und Orten durch die gespannten roten Bänder verräumlicht Felix Nussbaums Biografie. Aus der Vielzahl der Städte, in denen er gelebt hat – zuerst in Hamburg oder Berlin, seit 1933 auf der Flucht und im Exil etwa in Ostende, Paris oder Brüssel – entsteht eine Kartografie, die sich über die Wand in den Raum fortführt. Die roten Linien enden in der gegenüberliegenden spitzen Ecke des Raumes, wo sie sich zu einem Dreieck verdichten. Das Dreieck ist neben dem Hexagramm und dem Pentagramm eines der auf wenige Striche reduzierten Symbole in der Installation, das viele Bedeutungen trägt. Mit der Spitze nach unten steht es für das Feminine, für Materie oder das Lebenselement Wasser.

BRIGITTE WALDACH – EXISTENZ

The heavy iron doors of the Felix-Nussbaum-Haus open automatically and fall shut with a noise like thunder. Passing through them, the visitors find themselves in a dark, narrow corridor with rough concrete walls. A few steps further into this space, light enters the darkness through a door-high window. They look through it, into the *Raum der Gegenwart,* where Brigitte Waldach's installation *Existenz* has been embedded, so to speak, within Daniel Libeskind's architectural framework.

The window frames a small detail of the installation like a picture, providing a prologue to the artistic intervention: red lines run obliquely through the upper third of the rectangular space; from this viewpoint, their start and end points are obscured. Beyond it, with walls leading to dead-ends, the space drops away. In the foreground, a single word is written: *Existenz* (existence). In the background, a further term, *Welt* (world), is displayed on the window opening out onto the natural surroundings. Underneath is a sentence: "People are deliberately designed so they don't see what they shouldn't see".

The multifaceted nature of the installation and Waldach's interest in the space itself are already apparent at this point, illustrated by the clever interweaving of Inside and Outside and of fore-, middle- and background. In the studio, she uses paper, sometimes wall-sized sheets, to survey the facets of the (picture) space, be they landscape, architectural or the infinite space of the universe. In her spatial drawings she moves beyond the flat surface, stretching cords that reach into the third dimension; by including sound, she is then also working in a multidimensional sensory way to create a complex perceptual and experiential space.

On entering the *Raum der Gegenwart,* the visitor identifies the source of the lines; a ceiling-high assembly containing a window, from which an intense red light streams. This permanent display case, designed by Daniel Libeskind, has been placed by the artist at the centre of her installation and designated as its "brain". Next to the points from which the lines leave the wall, place-names are written: Berlin, Brussels, Rome, Ostend, Saint Cyprien and others. One of the many lines leads from the wall to the ceiling and then plunges vertically to the floor. It originates from Felix Nussbaum's birthplace: Osnabrück. A look through the display showcase window reveals a list of year-dates, beginning with 1904 and ending with 1944, Nussbaum's birth and death dates. The lines start from here. Underneath 1944, a cipher-like set of numbers marks the endpoint: XXVI/284/285.

The linking of year-dates and places via the taut red cords provide a spatial projection of Felix Nussbaum's life. From the many towns he lived in – starting in Hamburg

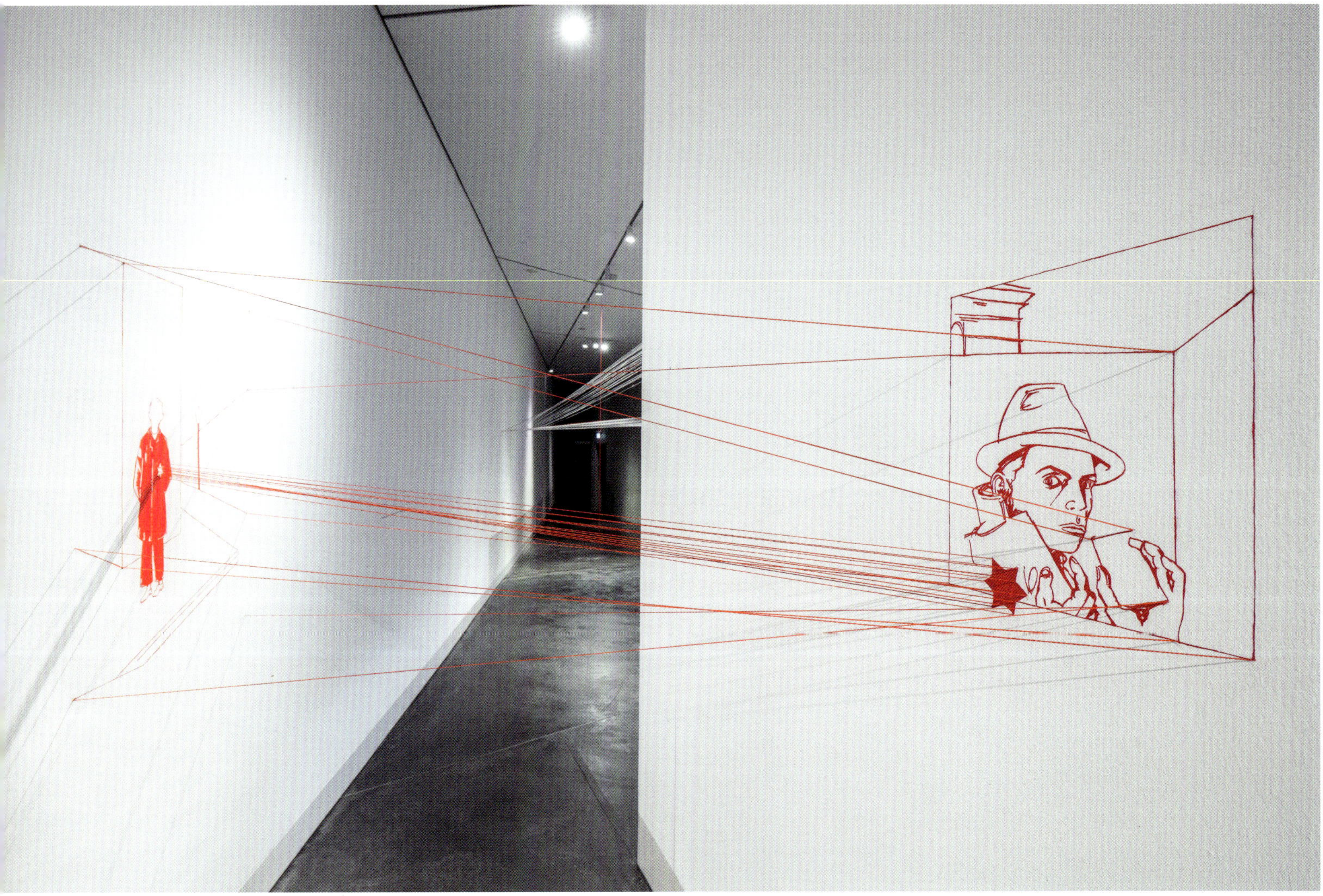

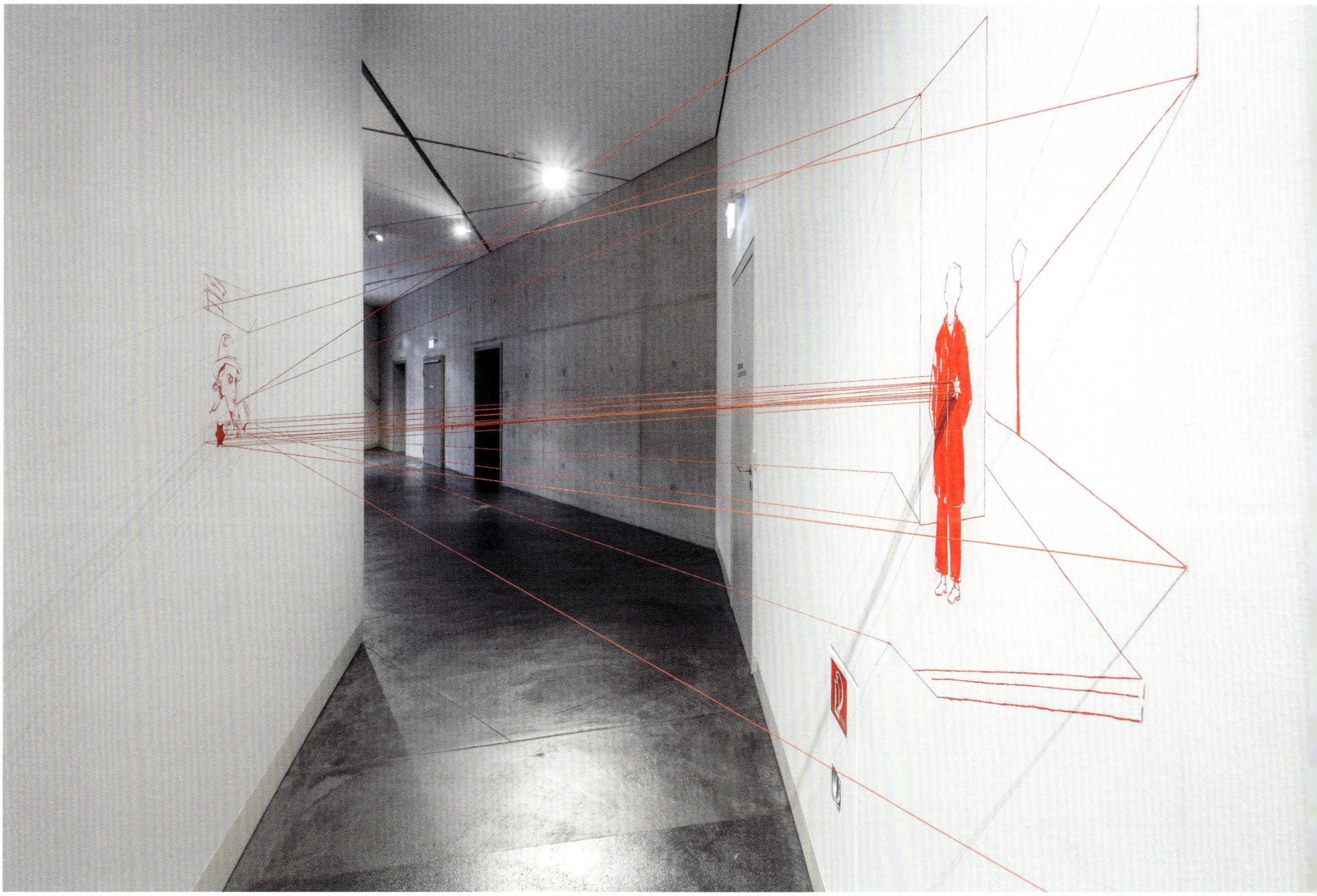

Außerdem war es eines der Symbole, das Häftlinge in den Konzentrationslagern kennzeichnete. In dieser Ecke begegnet man wieder den Nummern XXVI/284 und XXVI/285 – es sind die Deportationsnummern von Felix Nussbaum und seiner Ehefrau Felka Platek. Eine Männerstimme erklingt: „Ist man nicht eigentlich immer einsam?", „Glauben Sie ja nicht, dass Fremde Heimat ist", „Ob hier oder dort – ohne Echo zu schaffen ist bedrückend". Einer inneren Stimme vergleichbar sind Nussbaums Gedanken, die er in Briefen aus dem Exil formulierte, in der Ecke hörbar. Als akustisches Pendant zu Nussbaums Worten ist auf der gegenüberliegenden Seite des Raumes das Gedicht *Der glücklose Engel* von Heiner Müller zu hören, das Nussbaums Briefzitate zu einem Dialog weitet.

„Hinter ihm schwemmt Vergangenheit an, schüttet Geröll auf Flügel und Schultern, mit Lärm wie von begrabnen Trommeln, während vor ihm sich die Zukunft staut, [...]."

Während man sich auf das Gedicht von Heiner Müller zubewegt, entdeckt man eine dritte Hörstation. Aus der angelehnten Tür der Vitrine quellen gesprochene Zitate aus Nussbaums Briefen. Sie werden von kaum wahrnehmbaren Sätzen überlagert, nur noch einzelne Worte lassen sich aus den Gedanken und Reflexionen extrahieren. Hier vermischen sich Nussbaums Aussagen mit anderen von Walter Benjamin und Franz Kafka, sodass eine akustische Textwolke entsteht, der man in schriftlicher Form in Waldachs Zeichnungen begegnet. Einzelne Sätze der Soundcollage finden sich auf den Wänden wieder: „... plötzlich fängt der Raum an zu stottern. ... wird unsicherer Grund."

or Berlin while on the run from 1933 and then in exile, say, in Ostend, Paris or Brussels – a map emerges which continues across the wall and into the space. The red lines end in the sharply angled opposite corner of the space which is compressed to form a triangle. The triangle, alongside the hexagram and the pentagram, is one of the symbols, reduced to a few brushstrokes in the installation, which carries a great deal of meaning. With the point facing downwards, it symbolises the Feminine, Matter or the element of Water. It was also one of the symbols used to identify the inmates of the concentration camps. In this corner, the numbers XXVI/284 and XXVI/285 are encountered once again – these are the deportation numbers for Felix Nussbaum and his wife, Felka Platek. A male voice intones: "Ultimately, isn't one always alone?", "Don't you think that the foreign is home", "Whether here or there, not creating an echo is depressing". Nussbaum's thoughts, which he wrote down in letters whilst in exile, are audible in the corner like an inner voice. As an acoustic counterpart to Nussbaum's words, Heiner Müller's poem *Der glücklose Engel* (*The Melancholic Angel*) can be heard on the opposite side of the space, expanding the quotations from Nussbaum's letters into a dialogue.

"Behind him, the Past washes ashore, heaping debris on wings and shoulders, with a noise like buried drums, while the Future accumulates before him, [...]."

As the visitor moves towards Heiner Müller's poem, they discover a third audio station. Spoken quotations from Nussbaum's letters stream from the slightly open door of the display showcase. Barely discernible sentences are superimposed over them, leaving only individual words which can be picked out from the thoughts and reflections. Here, Nussbaum's words merge with others from Walter Benjamin and Franz Kafka, producing an acoustic cloud of text which is encountered in written form in Waldach's drawings. Single sentences from the sound collage appear again on the walls: "... suddenly the space begins to stutter. ... the bedrock becomes unsteady."

Sound and text are constantly recurring themes in Waldach's installation. The voices bind the architecture, which has been intersected by the lines, compressing it into a thought-space. Waldach uses the sound to steer people along the different routes within the space. The softly spoken words draw the visitor into the corners, the dead-ends giving a physical sense of constriction. "Dead-ends" are a recurring stylistic fea-

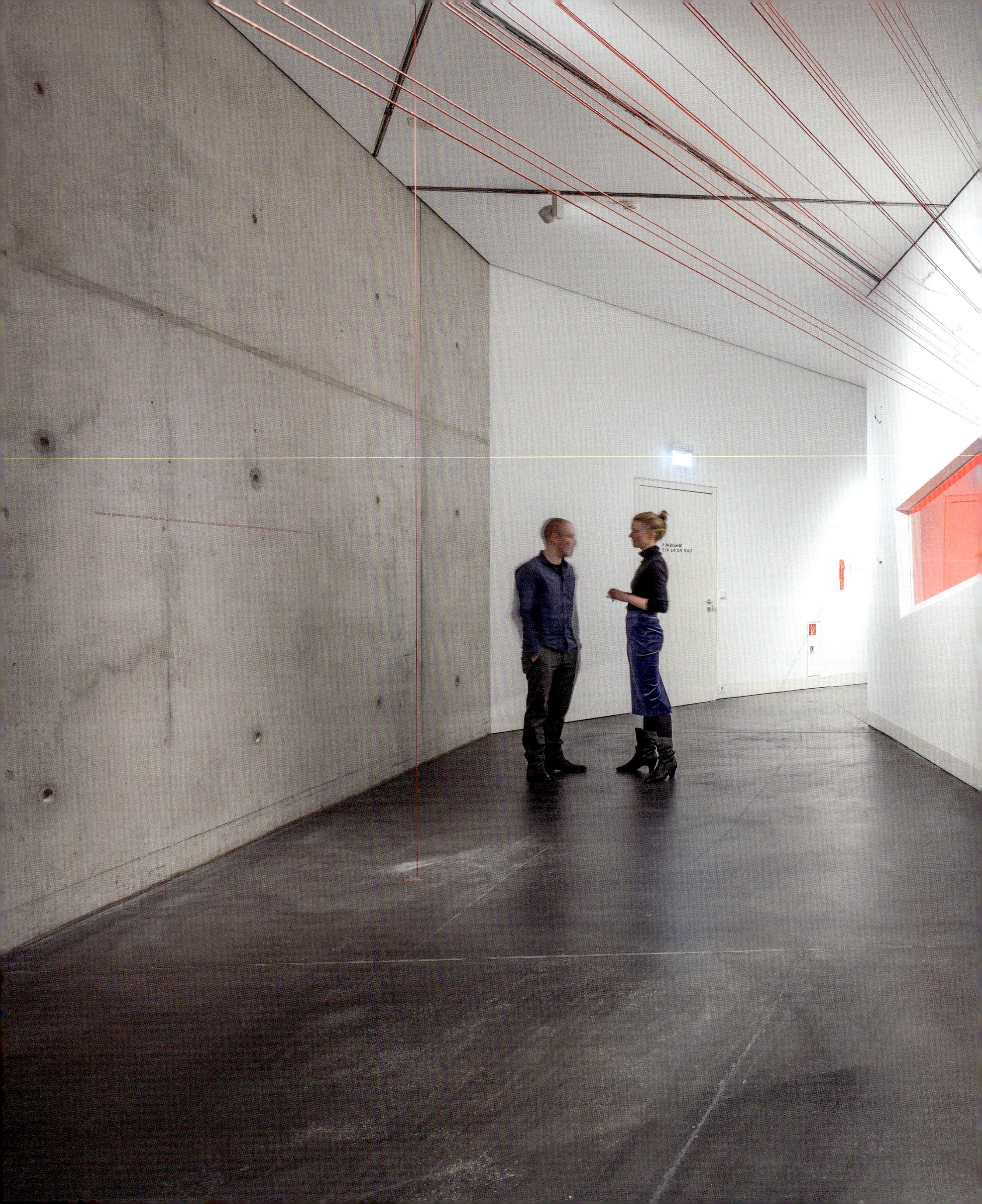
RUNDGANG
EXHIBITION TOUR

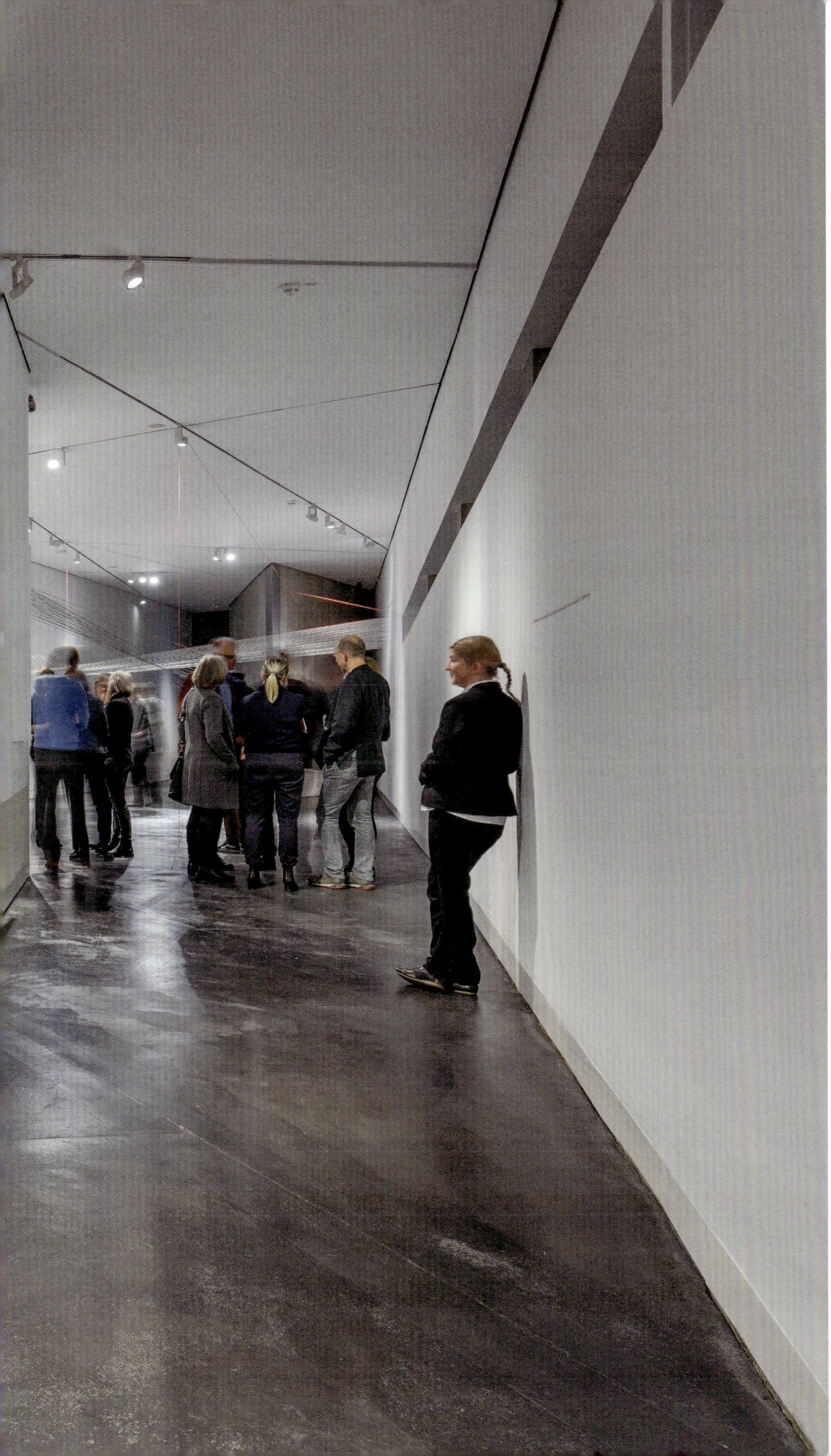

Sound und Text sind leitmotivisch in Waldachs Installationen. Die Stimmen binden die von Linien durchschnittene Architektur, verdichten sie zu einem Gedankenraum. Mit dem Sound navigiert Waldach die Personen in die verschiedenen Richtungen im Raum. Die leise gesprochenen Worte ziehen in die sackgassenähnlichen Ecken hinein, wo die Enge einen körperlich bedrängt. „Dead ends" sind in der Architektursprache Daniel Libeskinds wiederkehrendes Stilmittel: Im Berliner Jüdischen Museum endet die Achse des Holocaust in einem leeren, kalten, nur durch einen schmalen Lichtschlitz beleuchteten Turm. Im Felix-Nussbaum-Haus, dem „Museum ohne Ausgang", verlaufen Besucherinnen und Besucher sich in spitz zulaufenden Ecken, Gänge enden vor einer Wand; als „Irrweg" (FAZ) wird das Museum empfunden, das „Klaustrophobie" (Rheinischer Merkur) erzeuge. Einen Rundgang gibt es nicht, am Ende heißt es umkehren.

Im Raum der Gegenwart füllt Brigitte Waldachs Idee der *Existenz* die Leere, die eines der architektonischen Prinzipien Daniel Libeskinds ist. Es ist, als würde die Künstlerin mit ihrem Werk ein langes Schweigen brechen; Worte, Linien, Farbe scheinen das Fragmentarische des Ausstellungsraumes zu verklammern. Eigenständig, doch im Einklang mit der Sprache Libeskinds, passt die Intervention wie ein Schlüssel in die Architektur und öffnet sie. Waldachs Installation spinnt die Geschichte, die in den Räumen eingeschrieben ist, weiter, ganz im Sinne der Intention Libeskinds: „Architectural space, as I see it, has to be part of the story it's trying to communicate. It's not just a container to be filled; it's part of the symbolism of the building. And the symbol transports you beyond the material reality and, in architecture, toward that which language itself cannot fully articulate."[1]

Nicht nur Libeskinds Architektur wird durch tiefe Fluchten, Sackgassen oder verzerrte Formen geprägt; dieses gestalterische Prinzip ist auch im Werk von Nussbaum präsent. Das zeigt auch eine intime Gegenüberstellung von Waldach. An der engsten Stelle der Architektur, seitlich von der Vitrine, schafft sie Raum für die Begegnung mit zwei Werken von Nussbaum: Sie überträgt die beiden Gemälde *Selbstbildnis mit Judenpass*, um 1943, und *Jaqui auf der Straße*, 1944, mit feinem Pinsel und roter Farbe auf zwei gegenüberliegende Wände und verspannt die beiden Werke mit roten Fäden: Dabei verknüpft die Künstlerin die perspektivischen Fluchtpunkte der beiden Werke, die beiden Davidsterne der Verfolgten und die Ecken des bei Waldach leeren Judenpasses mit den Ecken des *Jaqui*-Gemäldes. Diese Gegenüberstellung wirft Fragen auf, die Leben und Werk Nussbaums betreffen, und zwar gleichermaßen den Menschen und den Künstler: Wie ein Spiegel ist der Ausweis an und für sich leer, projiziert aber das Bild des Jaqui auf die gegenüberliegende Seite als Befragung der eigenen Identität, während Nussbaums Augen des Selbstporträts die Betrachter und Betrachterinnen anblicken und in einen Dialog ziehen.

Waldach löst hier die bekannten Gesichter aus dem Werk von Nussbaum aus ihrer vertrauten Umgebung. Dadurch kann selbst sein berühmtestes Werk, das *Selbstbildnis mit Judenpass*, neu entdeckt werden. Statt weitere Figuren in ihre Werke einzuzeichnen – ein Verfahren, das Waldach schon häufig angewandt hat – sind es in der Ausstellung im Felix-Nussbaum-Haus die Betrachter selbst, die sich als Zeugen der Gegenwart durch die Raumzeichnung bewegen.

Als Teil der Installation können sich die Menschen besonders intensiv im hinteren Abschnitt des Raumes erleben.

ture of Daniel Libeskind's architectural language: in the Jewish Museum in Berlin, the axis of the Holocaust ends in a cold, empty tower lit only by a narrow sliver of light. In the Felix-Nussbaum-Haus, the "Museum without Exit", visitors become lost in sharp-ended corners, corridors end in a wall; the museum feels like a "labyrinth" (FAZ), generating "claustrophobia" (Rheinischer Merkur). There is no circular tour; at the end, one has to turn round.

In *Raum der Gegenwart,* Brigitte Waldach's concept of *Existenz* fills the void that is one of Daniel Libeskind's architectual principles. It is as if the artist is breaking a long silence with her work; words, lines, colours appear to bind the fragmentary nature of the exhibition space together. Independently, yet in harmony with Libeskind's language, the intervention fits into the architecture like a key, opening it. Waldach's installation spins the story that is written within the space still further, completely in accordance with Libeskind's intention: "Architectural space, as I see it, has to be part of the story it's trying to communicate. It's not just a container to be filled; it's part of the symbolism of the building. And the symbol transports you beyond the material reality and, in architecture, toward that which language itself cannot fully articulate."[1]

It is not only Libeskind's architecture that is characterised by deep straight building lines, dead-ends or distorted forms; this use of shapes is also evident in Nussbaum's work. Waldach also shows this in an intimate juxtaposition. At the narrowest point of the architecture, to the side of the display showcase, she has created a space for the encounter with two of Nussbaum's works; with a fine brush and red paint, she transfers both paintings *Selbstbildnis mit Judenpass* (*Self-portrait with Jewish Identity Card*), circa 1943, and *Jaqui auf der Straße* (*Jaqui in the Street*), 1944, onto two opposing walls, bracing both works with red threads; in doing so, the artist links the in-perspective vanishing point of both works, the Stars of David worn by both the pursued and the corners of the Jewish identity card, left as blank by Waldach, with the corners of the *Jaqui* painting. This juxtaposition poses questions to people and artists alike in relation to Nussbaum's life and work: the ID card, like a mirror, is empty in itself, but projects the picture of Jaqui on the opposite side in a questioning of one's own personal identity, while Nussbaum's eyes in the self-portrait gaze at the onlooker and draw them into dialogue.

Here, Waldach loosens the well-known faces in Nussbaum's work from their familiar surroundings. In this way, even his most famous work, the *Selbstbildnis mit Judenpass,* can be rediscovered anew. Instead of sketching in additional figures in her work – a

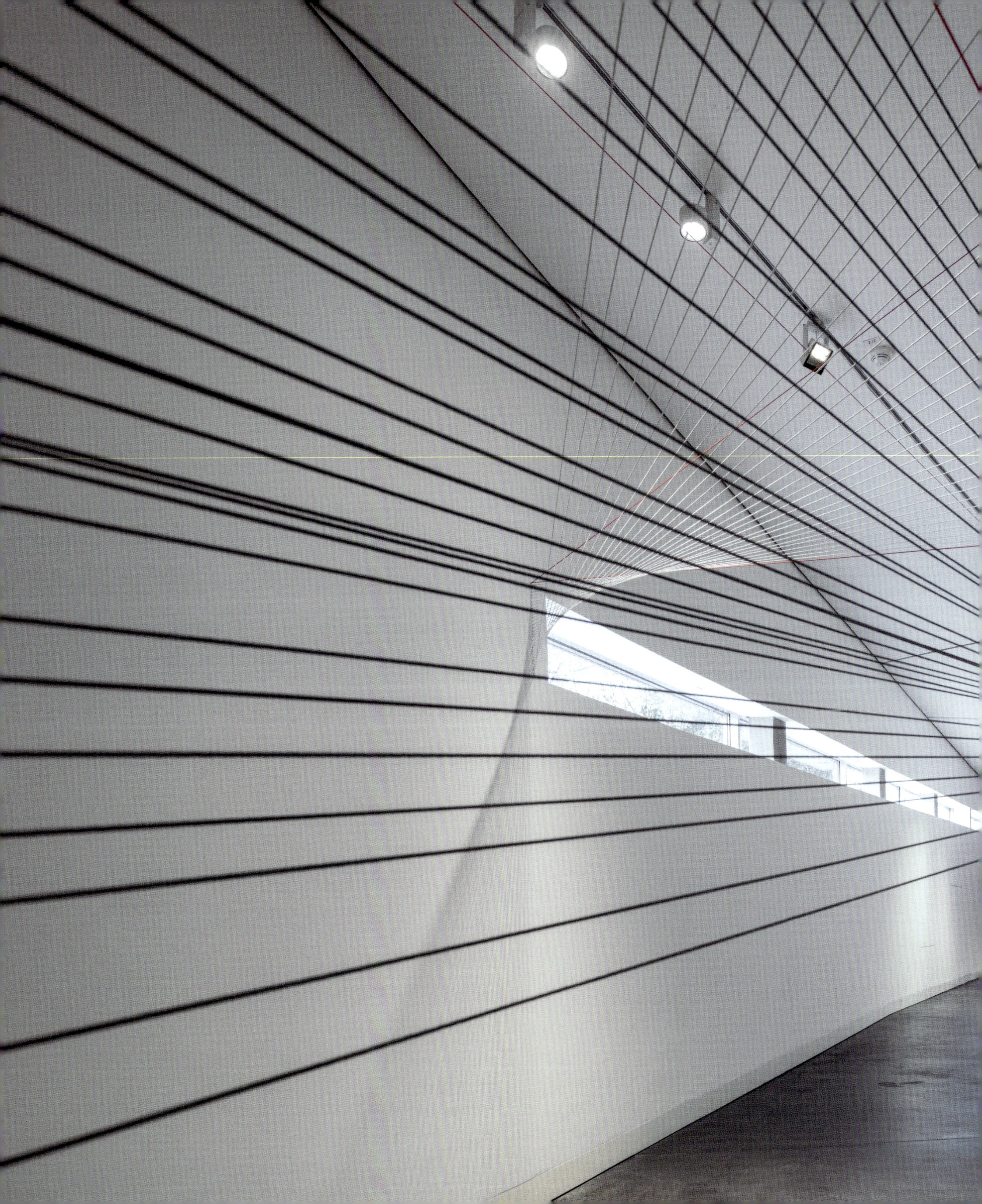

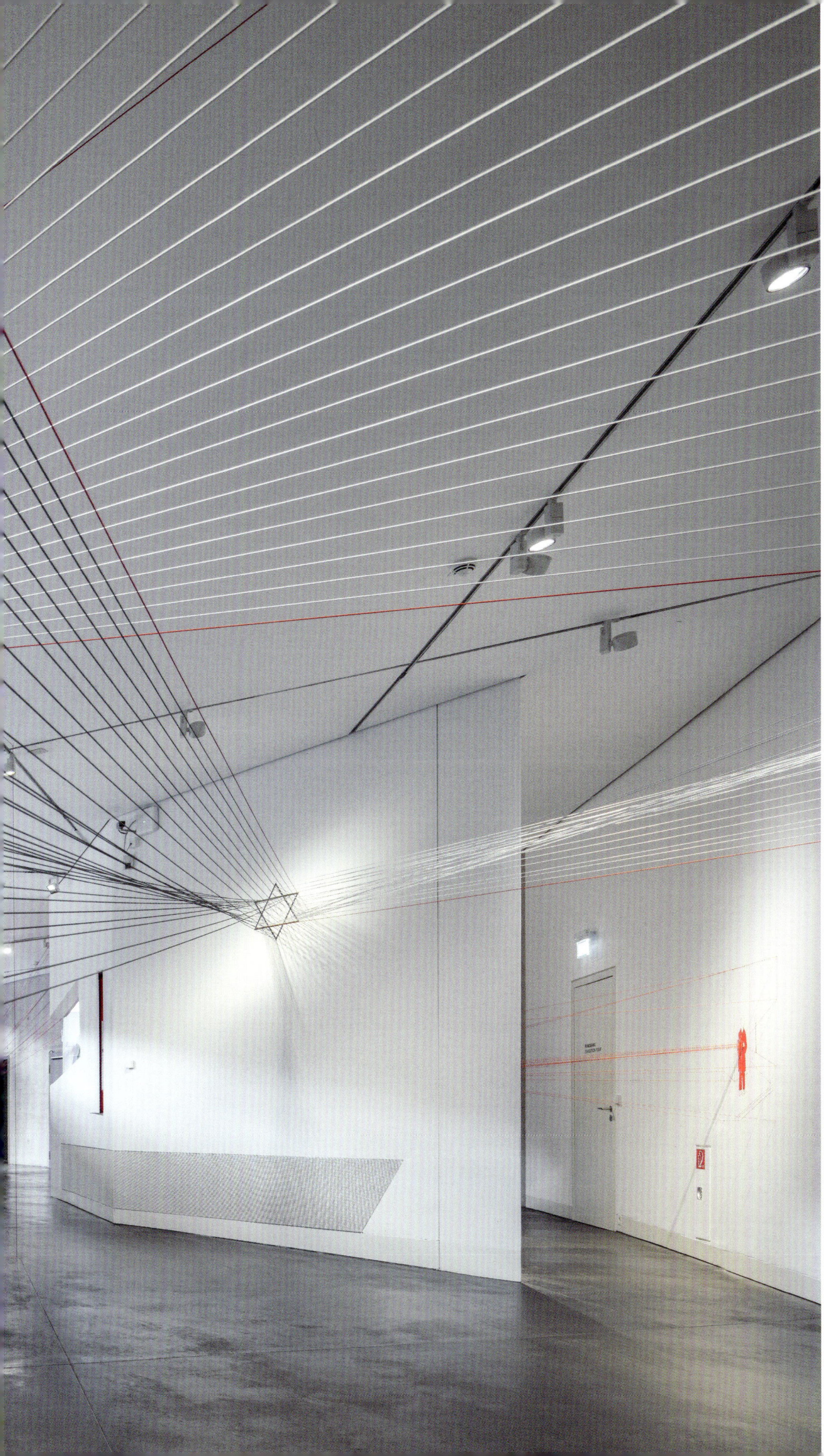

Hier spannen sich, ausgehend von einem Davidstern an der Rückseite der Vitrine, schwarze und weiße Linien über eine Strecke von 15 Metern von Wand zu Wand, sie fächern sich auf, treffen auf die Wand, werden dort umgelenkt, drehen sich, bündeln sich am Fenster oder führen als Linie in die Ecke.

Der Davidstern, Symbol des Volkes Israel und des Judentums, wurde im Holocaust auch zum Zeichen der Verfolgung und Unterdrückung. In seiner Symbolgeschichte steht das Hexagramm[2] vor allem für Ganzheit, für das Zusammenführen von Gegensätzen. Es vereint das nach oben und das nach unten gerichtete Dreieck und damit das Maskuline und das Feminine, Feuer und Wasser, das Geistige und die Materie, das Menschliche und das Göttliche. Auch die Alchemie hat dieses Zeichen als Symbol für den Zusammenschluss aller vier Elemente geschätzt und versinnbildlicht mit ihm den Makrokosmos, das Universum. Indem Waldach aus dem nach oben weisenden Dreieck weiße Bänder verspannt und aus dem nach unten gerichteten schwarze, hebt sie die originäre Bedeutung des Symbols und seine Kraft hervor. Die hellen und dunklen Strahlen, die über den Köpfen der Besucher und Besucherinnen hin- und hersausen und an ihnen vorbeiziehen, und der nach unten geneigte, beziehungsweise ansteigende Boden des Libeskind'schen Baus entziehen den Menschen ihre Bezugspunkte im Raum, sodass sie Schwindel ergreift und sie sich tastend durch den Raum bewegen – und wieder kommt uns der auf die Wand geschriebene Satz in den Sinn, der auf Walter Benjamin gründet: „[...] fängt der Raum an zu stottern. [...] wird unsicherer Grund."[3] Optischen Halt geben die roten Senkrechten, die sich gegen den Sog der Masse stellen, sich aus dem Gewebe herauslösen, um vertikal in den Boden einzudringen und den Menschen zu verankern. So ist der rote Faden Zeugnis des Individuellen im Universellen, er verknüpft die Positionen Felix Nussbaums, Daniel Libeskinds und Brigitte Waldachs und führt die Betrachter und Betrachterinnen durch ihre Werke, Architektur und zeitgenössische Rezeption.

1 Daniel Libeskind in: *Counterpoint: Daniel Libeskind in conversation with Paul Goldberger,* New York: Monacelli Press, 2008, S. 14.

2 Erste Aufzeichnungen führen das Hexagramm auf eine Zeit um 1000 vor Christus zurück.

3 Aus: Walter Benjamin, „Vergrößerungen", in: *Einbahnstraße* (1928), *Gesammelte Schriften,* Bd. IV-1, Frankfurt / Main: Suhrkamp, 1980, S. 115.

process that Waldach often applies – it is the viewers themselves who move through the spatial drawing in the Felix-Nussbaum-Haus exhibition as present-day witnesses.

The part of the installation that people can experience most intensely is in the rearmost section of the space. Here, black and white lines stretching out from a Star of David on the rearward side of the display showcase extend 15 metres from wall to wall; they fan out, meet the wall, are redirected, turn, draw together at the window or run in a line to the corner.

The Star of David, symbol of the people of Israel and of Judaism, also became a sign of persecution and oppression during the Holocaust. In its symbolic history, the hexagram[2] stands above all for wholeness, for the uniting of opposites. It unifies the upward-pointing triangle and the downward-pointing triangle and thereby the Masculine and the Feminine, Fire and Water, the Spiritual and the Material, the Human and the Divine. This sign is held in high esteem in alchemy, too, as a symbol for the unification of all four elements and denoting the Macrocosm, the Universe. In stretching white cords from the upward-pointing triangle and black ones from the downward-pointing one, Waldach highlights the original meaning of the symbol and its power. The light and dark strands rushing back and forth over the visitors' heads and passing by them, and the alternate downward- and upward-sloping floor of Libeskind's structure, deprive people of their reference points within the space so that they become dizzy and grope their way through the space – and once again, the sentence written on the wall based on Walter Benjamin comes to mind: "[...] the space begins to stutter [...] the bedrock becomes unsteady."[3] The red verticals give optical stability, standing against the maelstrom pull of the masses, separating from the webbing to enter the ground vertically and providing the people with an anchor point. Thus the red thread bears witness to the Individual within the Universe, linking the positions of Felix Nussbaum, Daniel Libeskind and Brigitte Waldach and leading the viewer through their works, architecture and contemporary reception.

1 Daniel Libeskind in: *Counterpoint: Daniel Libeskind in conversation with Paul Goldberger,* New York: Monacelli Press, 2008, p. 14.

2 Early records date the origins of the hexagram back to a time around 1000 BC.

3 From Walter Benjamin, "Vergrößerungen", in: *Einbahnstraße* (1928), *Gesammelte Schriften,* vol. IV-1, Frankfurt / Main: Suhrkamp, 1980, p. 115.

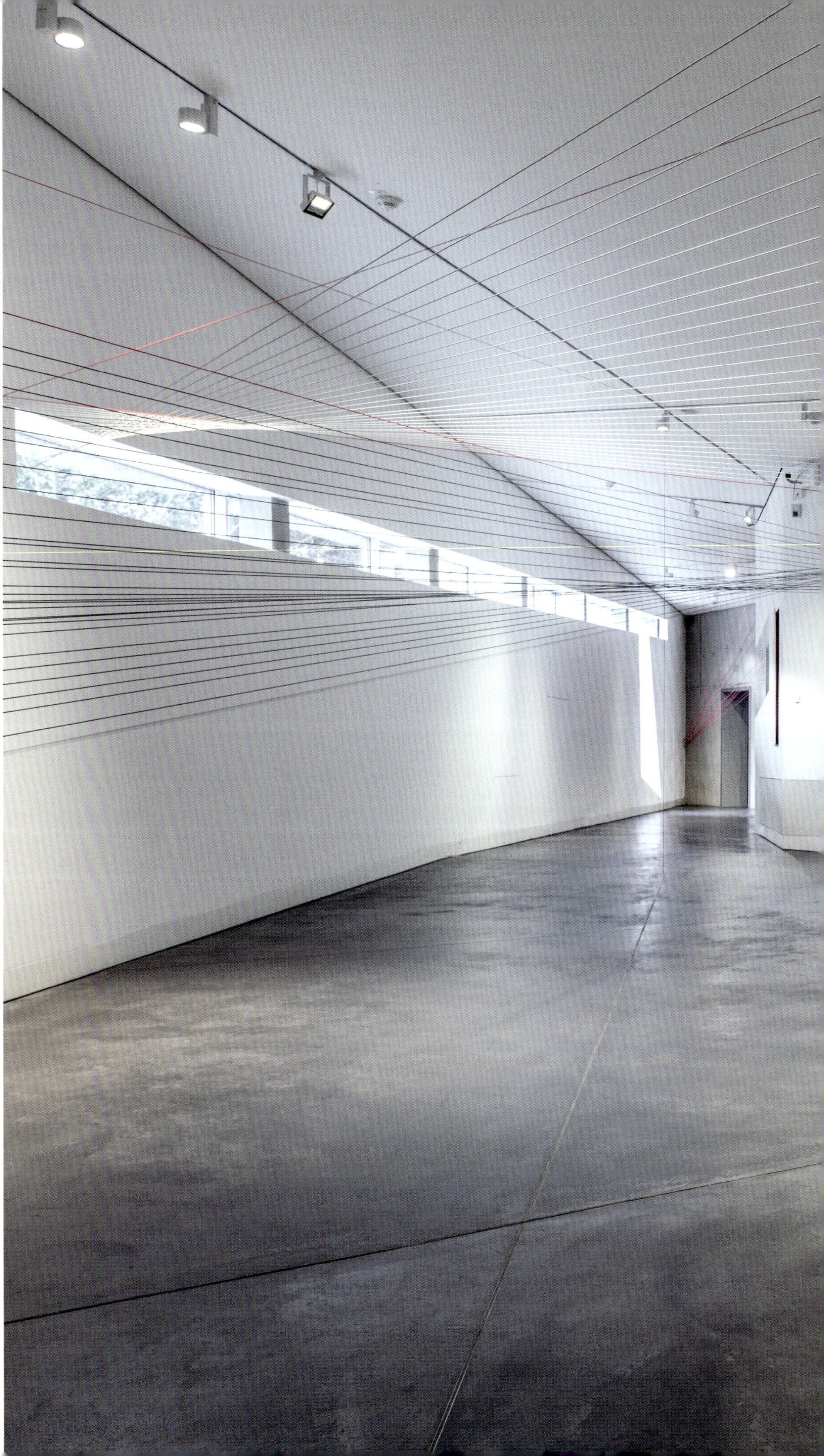

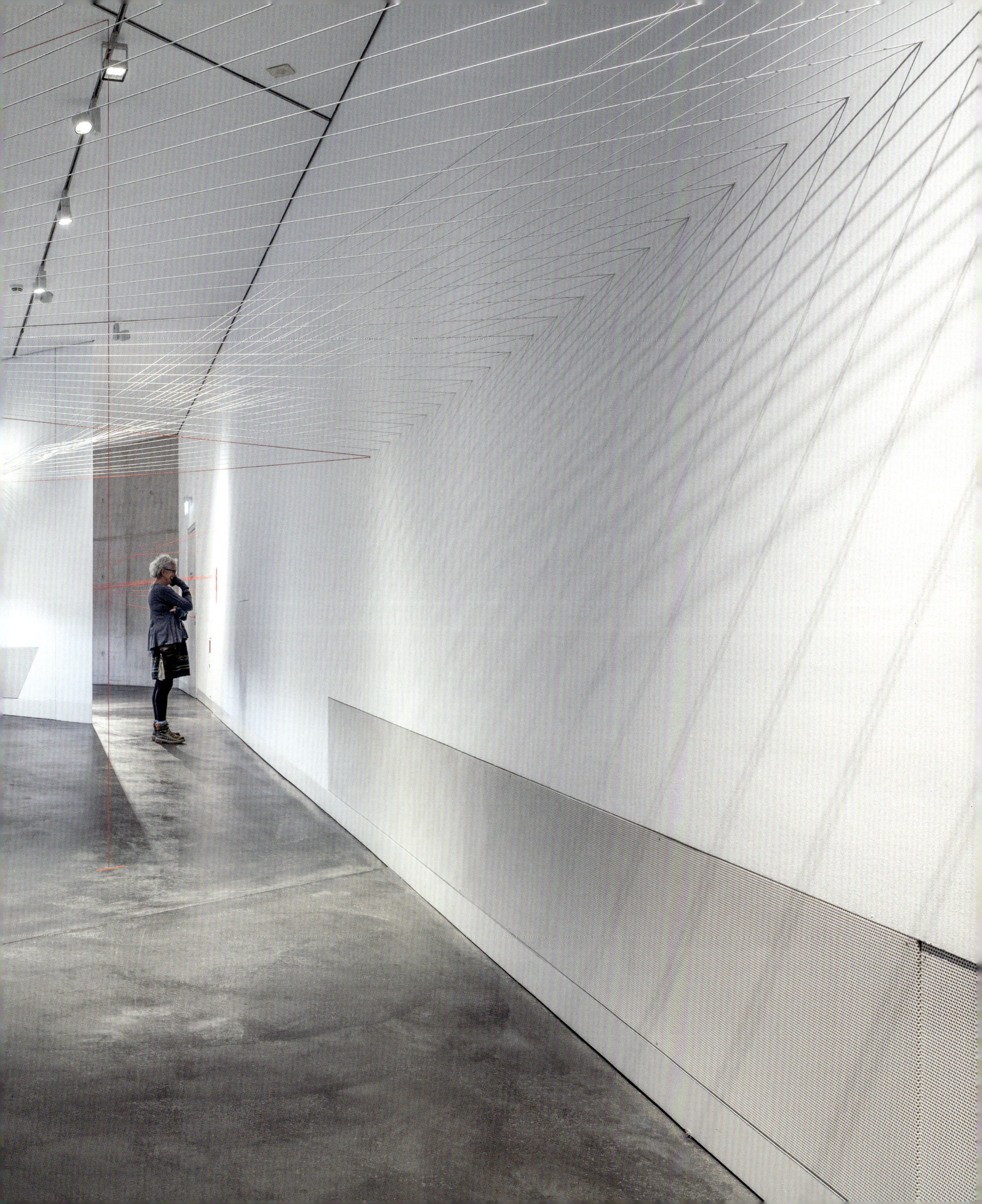

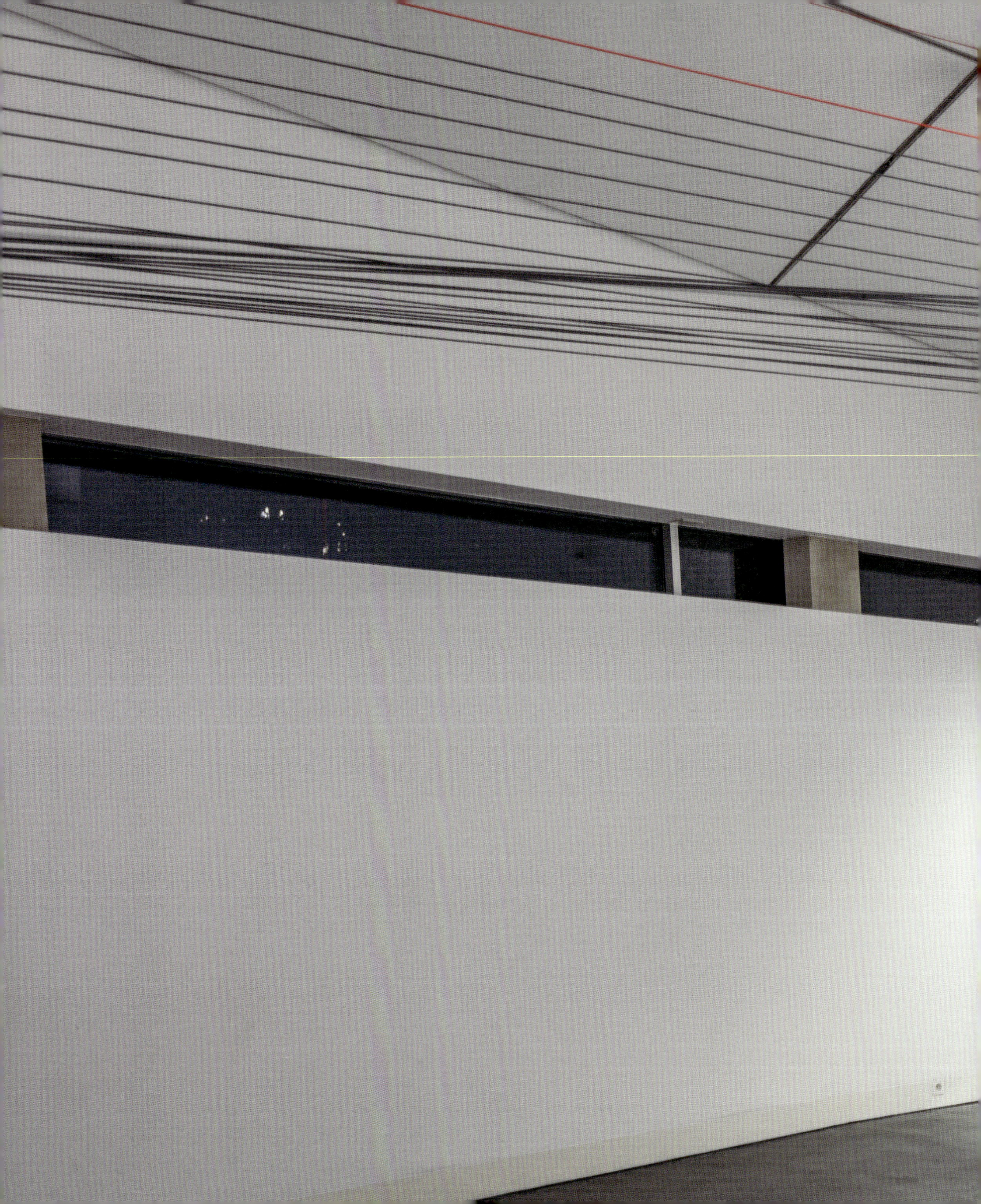

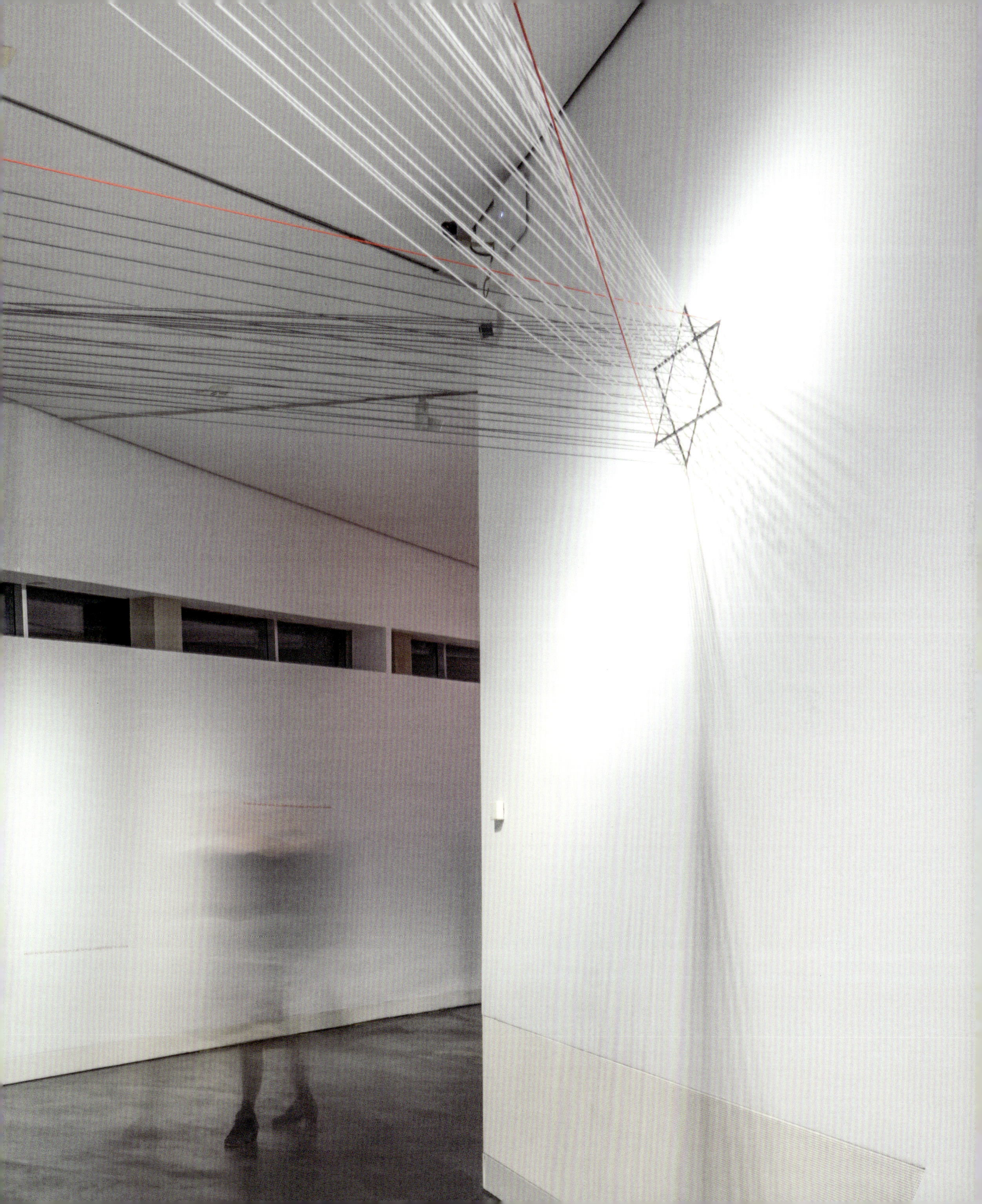

FELIX NUSSBAUM HEUTE

In einem historischen Museum werden Kunstwerke zu Zeitzeugen, im Falle der Gemälde Nussbaums zu Zeugnissen der Verfolgung, des Antisemitismus und der drohenden Deportation. Es besteht hier jedoch auch die Gefahr, dem künstlerischen Wert der Bilder nicht gerecht zu werden und sie auf eine dokumentarische Funktion zu reduzieren.

Brigitte Waldach hat in ihrer Installation *Existenz* im Felix-Nussbaum-Haus Leben und Bilder des in Auschwitz ermordeten Künstlers mit der Architektur Daniel Libeskinds verwoben und damit einen verstörend schönen und poetisch wirkenden Blick auf das Schicksal Nussbaums eröffnet.

Die Fäden, die Brigitte Waldach zwischen Leben und Werk Nussbaums in Osnabrück zieht, regen zum Nachdenken an und machen deutlich, in welchem Maß Felix Nussbaums Bilder existenzielle Kunstwerke sind und warum sie in einer Darstellung der Deutschen Geschichte, die im Museum auch aus Dokumenten, Fotos, Alltagsobjekten, Plakaten oder Waffen besteht, zu bewegenden Schlüsselbildern werden.

Wie viele emigrierte und ermordete jüdische Künstler blieb Felix Nussbaum nach 1945 weitgehend vergessen. Erst seit den 1970er Jahren begann allmählich seine Entdeckung, Ausgangspunkt waren die bei Dr. Josef Grosfils über 25 Jahre im Keller lagernden Bilder, die 1971 erstmals in Osnabrück durch die Erben gezeigt wurden. Aber erst seit den 1980er und 1990er Jahren wird Nussbaum als einer der bedeutenden Maler des 20. Jahrhunderts wahrgenommen, einige seiner Bilder gelten heute als „Ikonen des Holocaust".

Dem Deutschen Historischen Museum ist es kürzlich gelungen, Nussbaums Gemälde *Zerstörung (2)* aus dem Jahr 1933 zu erwerben und damit die beiden bereits in der Sammlung befindlichen Werke *Kauernder Gefangener,* 1940, und *Dreierporträt,* 1944, um ein weiteres wichtiges Werk des Malers zu ergänzen.

Am bekanntesten ist das im Januar 1944 entstandene *Dreierporträt,* das Nussbaum, seine Frau Felka und ein jüdisches Kind zeigt, von dem wir nur den Vornamen Jaqui kennen. Die Zeitung und die Karte im Hintergrund verweisen auf die aktuelle Kriegssituation, der gelbe Stern mit dem J und der Gebetsmantel auf die antisemitische Verfolgung, aber ebenso auf zentrale Elemente jüdischer religiöser Tradition. Die beklemmende Enge ihres Lebens spiegelt sich in dem klaustrophobisch wirkenden Zimmer mit dem Blick aus dem Fenster in eine Umgebung, die sich kaum mehr von dem Innenraum unterscheidet – zeichenhaft für die Außenwelt ist ein abgestorbener Baum. Schaut man in die Ankaufsunterlagen von 1988, findet man die bemerkenswerte handschriftliche Bemerkung Michael Stürmers, damals Vorsitzender der Ankaufskommission des Museums: „Mit Nachdruck und uneingeschränkt für den Ankauf. Das ist für das Museum unschätzbar. Was für ein Schicksal!"

Das zweite Bild, 1940 entstanden, zeigt einen kauernden Gefangenen im Lager St. Cyprien, ein Symbol reiner Verzweiflung. Die Hoffnungslosigkeit der Gefangenen, die katastrophalen hygienischen Zustände in dem am Strand von St. Cyprien errichteten Lager, dem die elementarsten Einrichtungen für die zahlreichen Internierten fehlten, bestimmen dieses Bild. Auch hier verbindet Nussbaum wieder seine eigene Erfahrung mit symbolisch

FELIX NUSSBAUM TODAY

In a historical museum, works of art become contemporary witnesses; in the case of Nussbaum's paintings, witnesses to persecution, antisemitism and the threat of deportation. However, there is a danger here of not doing justice to the pictures' artistic worth and of reducing them to mere documentation. With her installation in the Felix-Nussbaum-Haus, Brigitte Waldach has interwoven Daniel Libeskind's architecture with the life and oeuvre of the artist murdered in Auschwitz, unveiling a disquietingly beautiful and poetic view of Nussbaum's fate.

The threads Brigitte Waldach draws between Nussbaum's life and work in Osnabrück are thought provoking, emphasising the degree to which Felix Nussbaum's pictures are existential works of art and, indeed, key images in the German history displayed at the museum, comprising documents, photos, everyday objects, posters and even weaponry.

Like many Jewish artists who emigrated or were murdered, Nussbaum was largely forgotten after 1945, and has been gradually rediscovered only since the 1970s. Starting with the pictures stored in Dr. Josef Grosfils's cellar for more than 25 years and which, through his heirs, were displayed for the first time in Osnabrück in 1971; but only since the 1980s and 1990s has Nussbaum been recognised as one of the major painters of the twentieth century. Several of his works are regarded today as "Icons of the Holocaust".

The German Historical Museum has recently acquired Nussbaum's painting *Zerstörung (2)* (*Destruction [2]*), 1933, thereby adding a further important work to their existing collection, *Kauernder Gefangener* (*Huddled Prisoner*), 1940, and *Dreierporträt* (*Triple Portrait*), 1944.

The best-known work is *Dreierporträt,* painted in January 1944, depicting Nussbaum, his wife Felka and a Jewish child, Jaqui. The newspaper and the map in the background reference the current war situation, the yellow star and the prayer shawl the antisemitic persecution, but also central elements of Jewish religious tradition. The oppressive confines of their lives are reflected in the claustrophobic-looking room with a view from the window onto surroundings barely distinguishable from those indoors – a dead tree symbolises the outside world. A look through the purchase documentation reveals noteworthy comments by Michael Stürmers, at the time Chairman/President of the Museum's Acquisitions Committee: "Emphatically and unreservedly in favour of the purchase. It is invaluable to the Museum. What a stroke of good fortune!"

The second picture, from 1940, depicts a huddled prisoner in St. Cyprien's internment camp – a symbol of true despair. This picture identifies the prisoner's hopelessness and the appalling conditions in the camp on St. Cyprien's coast, lacking even the

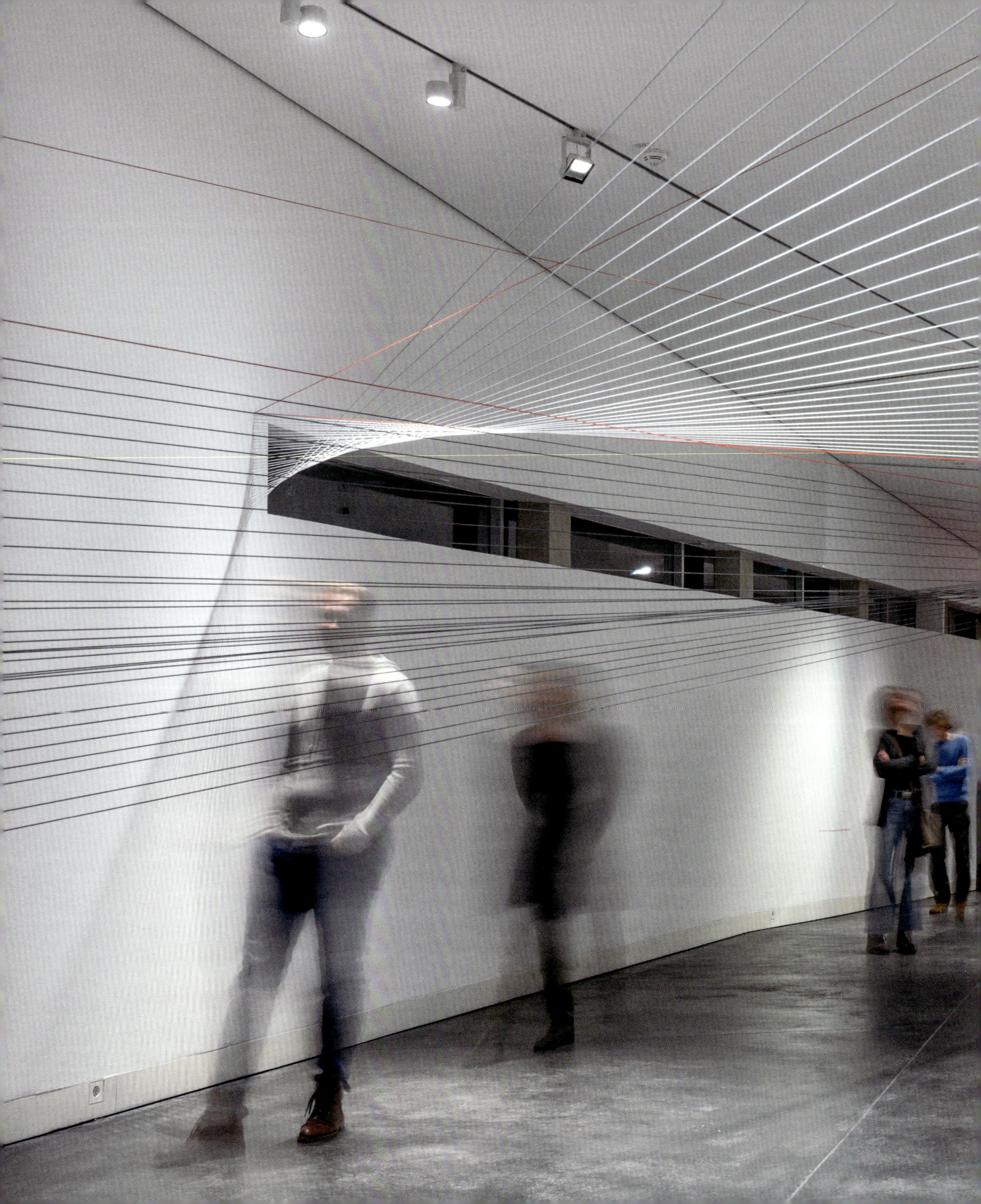

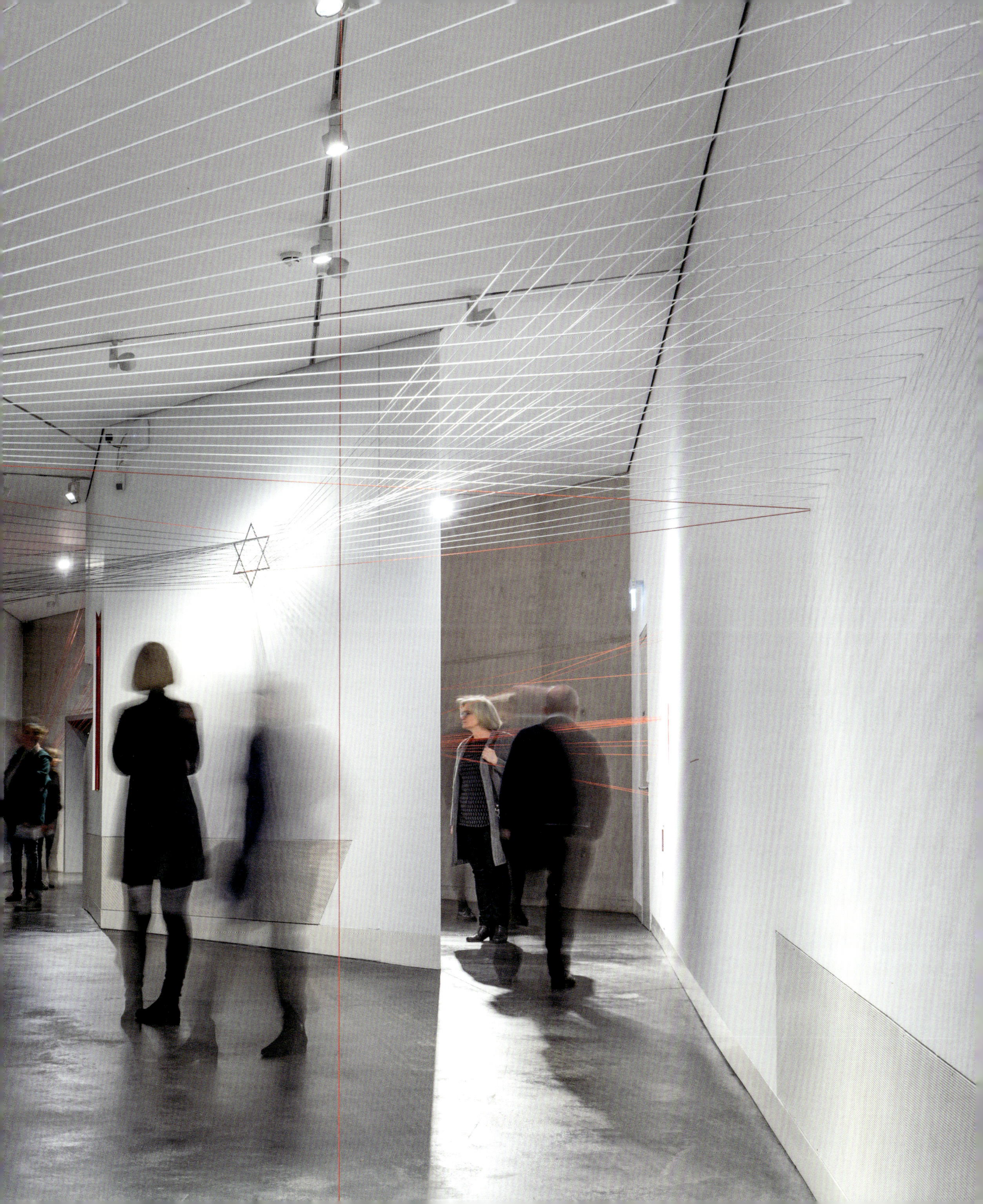

wirkenden Bildelementen, die er immer wieder aufgreift und variiert – die kauernde Haltung des Gefangenen, der Stacheldraht, die abgerissene Kleidung in diesem Bild; der gelbe Stern, die Zeitung, der Schatten, der Gebetsmantel im *Dreierporträt.* Sie machen die Gemälde zu bewegenden Zeugnissen eines Zeitzeugen.

Das Bild *Zerstörung (2),* das das Deutsche Historische Museum neu erwerben konnte, geht auf das Jahr 1933 zurück – ein nicht nur politisches Schicksalsjahr, sondern auch für Nussbaum persönlich ebenso wie für sehr viele der von den Nationalsozialisten rassistisch oder politisch Verfolgten der Beginn des Exils. Für Nussbaum ist das Werk ein Schlüsselbild. Hier stellt er erstmals den Schrecken künstlerisch dar, der ihn angesichts seiner ungewissen Zukunft ergreift: Auf einem leeren, wüsten Platz liegen die Trümmer seiner Existenz, seine in Berlin zerstörten Bilder, in den Fragmenten erkennt man Reste des Brandenburger Tores aus seinem *Der tolle Platz* und die Kreuze von Golgatha. Das schwarz gekleidete Paar klammert sich im Schrecken aneinander, im Kontrast dazu der weiße Kopf des Mannes mit weit geöffnetem Mund. Singt er oder klagt er?

Das Bild vermittelt die Bedrohung und den Schrecken, die Felix Nussbaum und Felka Platek empfunden haben, als sie sich, kurz nach der Vertreibung aus der Villa Massimo in Rom, entschieden, nicht nach Deutschland zurückzukehren. Bemerkenswert ist, dass der Künstler auf seine Angst, die aktuelle Bedrohung und seine bösen Vorahnungen künstlerisch reagiert und sie produktiv umzusetzen versucht. Mit *Zerstörung (2)* begann Felix Nussbaum 1933 ein künstlerisches Werk, das sich dem NS-Terror, der alltäglichen Verfolgung und der Todesangst entgegenstellt. 1942, die drohende Deportation vor Augen, übergab Nussbaum das Werk und über 100 andere Bilder zur Aufbewahrung an den Sammler und Zahnarzt Dr. Grosfils mit den Worten: „Wenn ich untergehe, lasst meine Bilder nicht sterben."

Dass diese Bilder überlebt haben und über 25 Jahre nach seinem Tode wieder ans Tageslicht kamen, ist eigentlich ein Wunder und stellt sie in eine Reihe mit anderen Zeugnissen jüdischer Künstler und Künstlerinnen, die ebenso vernichtet werden sollten wie die Menschen, die sie geschaffen haben. Das Tagebuch von Anne Frank, die Werke von Charlotte Salomon und die Bilder von Felix Nussbaum sind Dokumente, die – ginge es nach dem Vernichtungswillen der Nationalsozialisten – heute nicht mehr existieren dürften.

Die Bilder von Felix Nussbaum eröffnen in diesem Kontext eine Dimension, die über die Vermittlung von Fakten weit hinausreicht. Den Zeugnissen nationalsozialistischer Propaganda, die auf Emotion und Überwältigung zielen, setzen die Werke Nussbaums die künstlerisch bearbeitete und in eindrucksvolle Bilder und Symbole umgesetzte Erfahrung des unmittelbar Verfolgten entgegen. Brigitte Waldachs Kunstwerk, ihre Raumzeichnung *Existenz,* verknüpft Nussbaums Leben und Werk mit der Gegenwart, macht erfahrbar, warum gerade seine Bilder solche Empathie auslösen, zum Nachdenken anregen und wir sie als Schlüsselbilder der Epoche empfinden.

most basic facilities for its scores of inmates. Here, too, Nussbaum combines his own experiences with symbolic elements, returning to them in ever-new variations – the prisoner's huddled position, barbed wire, tattered clothing in this picture; the yellow star, newspaper, shadow and prayer shawl in *Dreierporträt.* They transform the painting into a moving witness's testimony.

The picture *Zerstörung (2),* newly acquired by the German Historical Museum, dates back to 1933 – a fateful year not only politically, but also for Nussbaum personally, as it marked the beginning of exile. For Nussbaum, the work is a key image. It depicts for the first time the terror gripping him in light of his uncertain future: the rubble of his existence lies in a square of empty wasteland; his pictures that had been destroyed in Berlin; amongst the fragments, pieces recognisable as the Brandenburg Gate from *Der tolle Platz* and the crosses at Golgotha. The black-clad pair of figures cling to one another in terror, contrasting with the man's white head and wide-open mouth. Is he lamenting or singing? The picture conveys the sense of threat and terror experienced by Felix Nussbaum and Felka Platek when they decide not to return to Germany shortly after his expulsion from Villa Massimo in Rome. The artist reacts artistically to his fear, the prevailing threat and ominous forebodings, turning them into something productive. This work marks the beginning of Felix Nussbaum's artistic confrontation with national socialist terror, the daily persecutions and the fear of death. In 1942, with the threat of deportation in sight, Nussbaum entrusted this work, together with over 100 other pictures, for safekeeping to art collector and dentist Dr. Grosfils with the words: "If I perish, don't let my paintings die."

That these pictures survived, resurfacing more than 25 years after his death, is truly miraculous and places them on a par with the testimonies of other Jewish artists that – had the national socialists' urge to destroy prevailed – would not have existed today, such as Anne Frank's diary and Charlotte Salomon's works. In this context, Felix Nussbaum's pictures open a dimension that reaches far beyond the mere transmission of facts. Counter to the testimony of national socialist propaganda, which focuses on emotion and overpowering, Nussbaum's works are the realised experience – in striking pictures and symbols – of those who were persecuted. Brigitte Waldach's artwork, her spatial drawing *Existenz,* links Nussbaum's life and work with the present day and makes it possible to understand precisely why his pictures elicit such empathy, encourage reflection and why we see them as key images of the era.

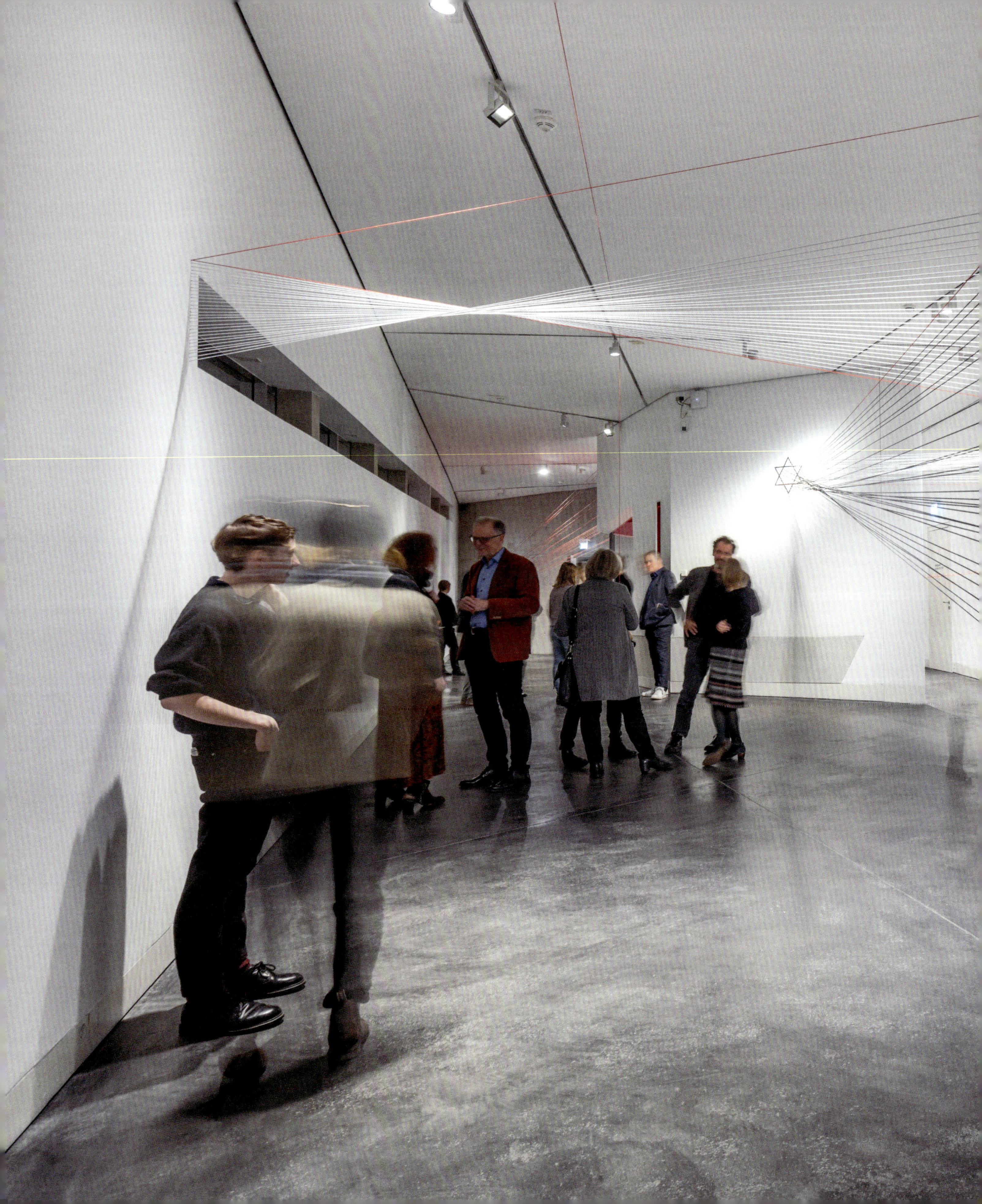

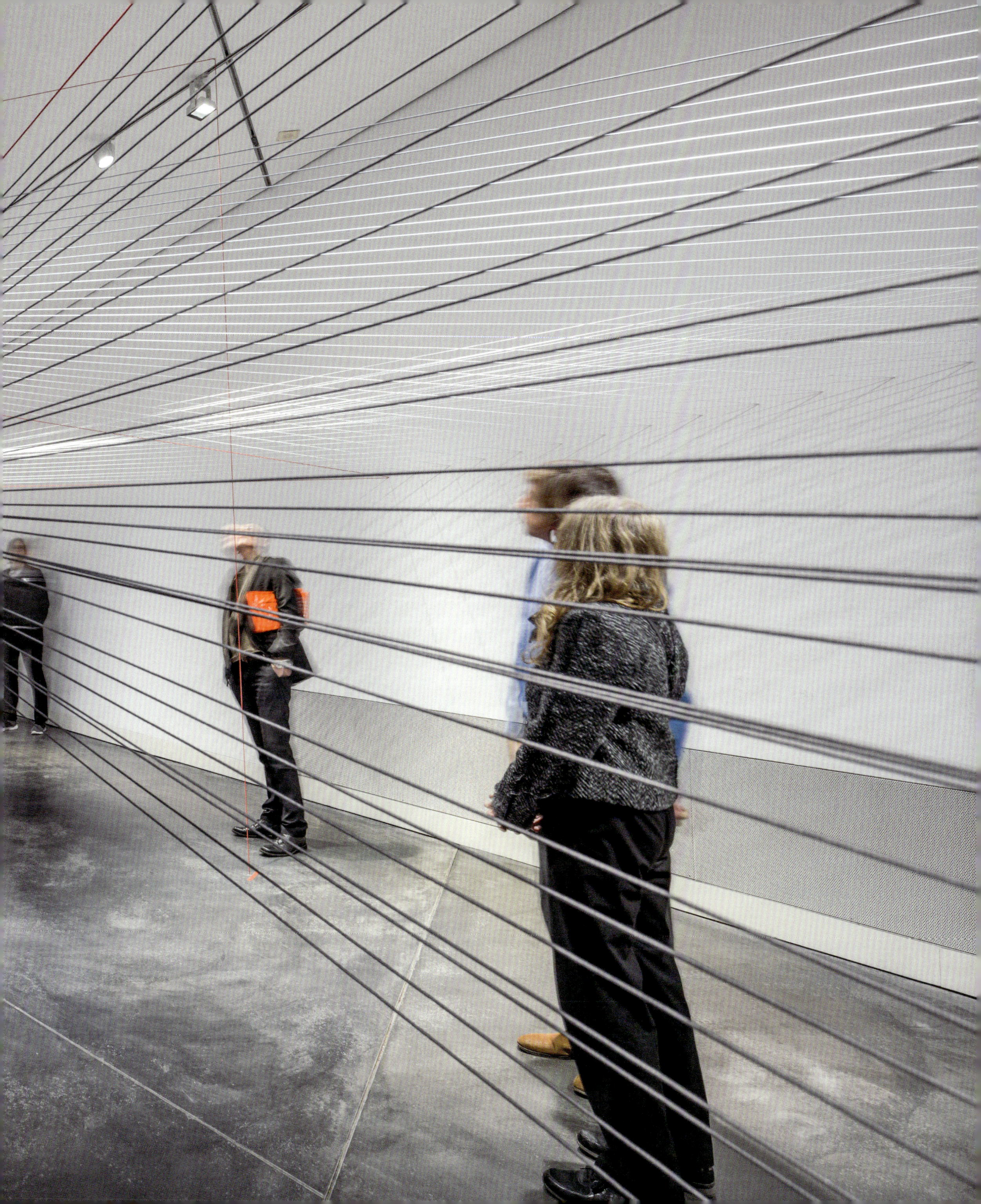

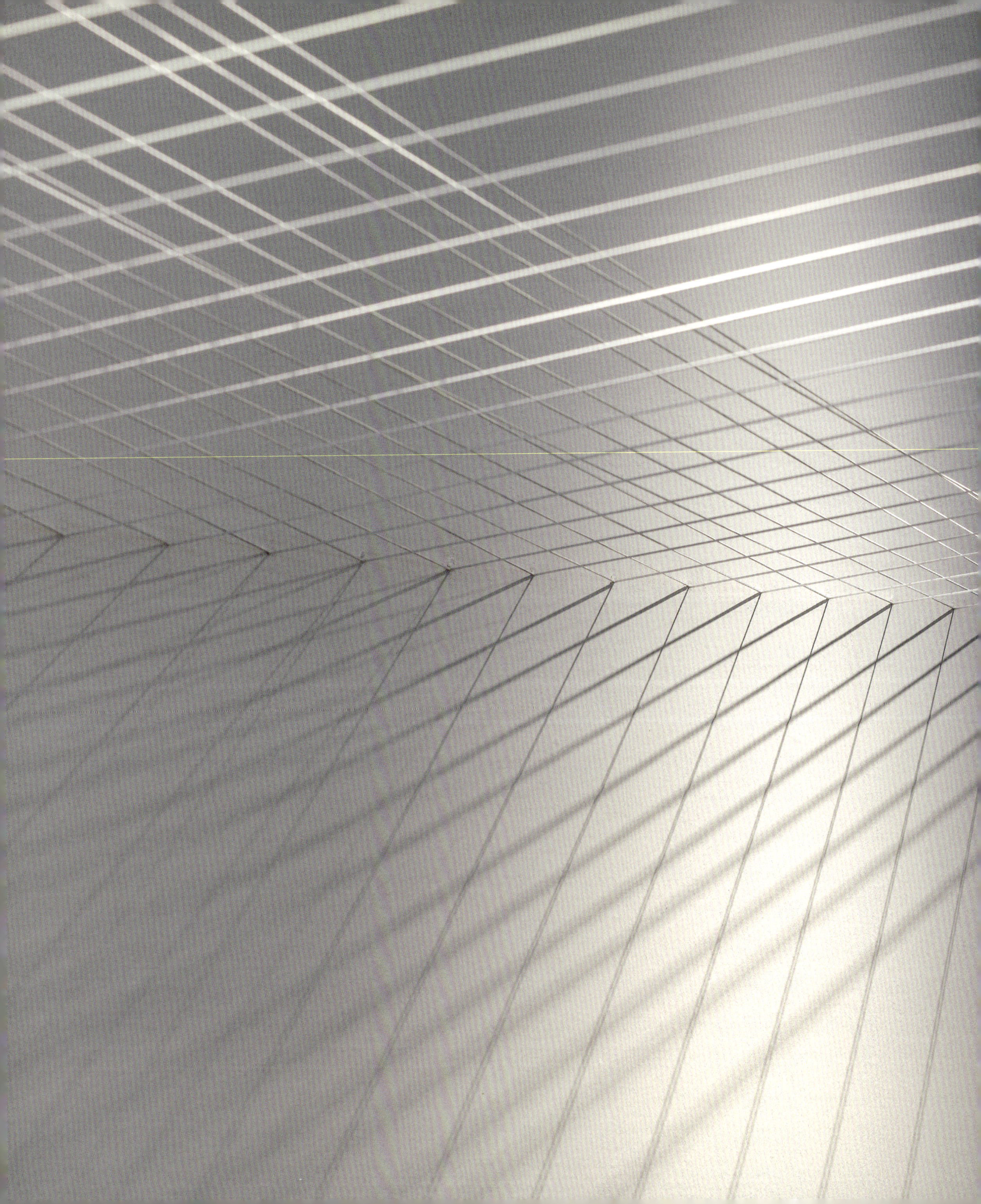

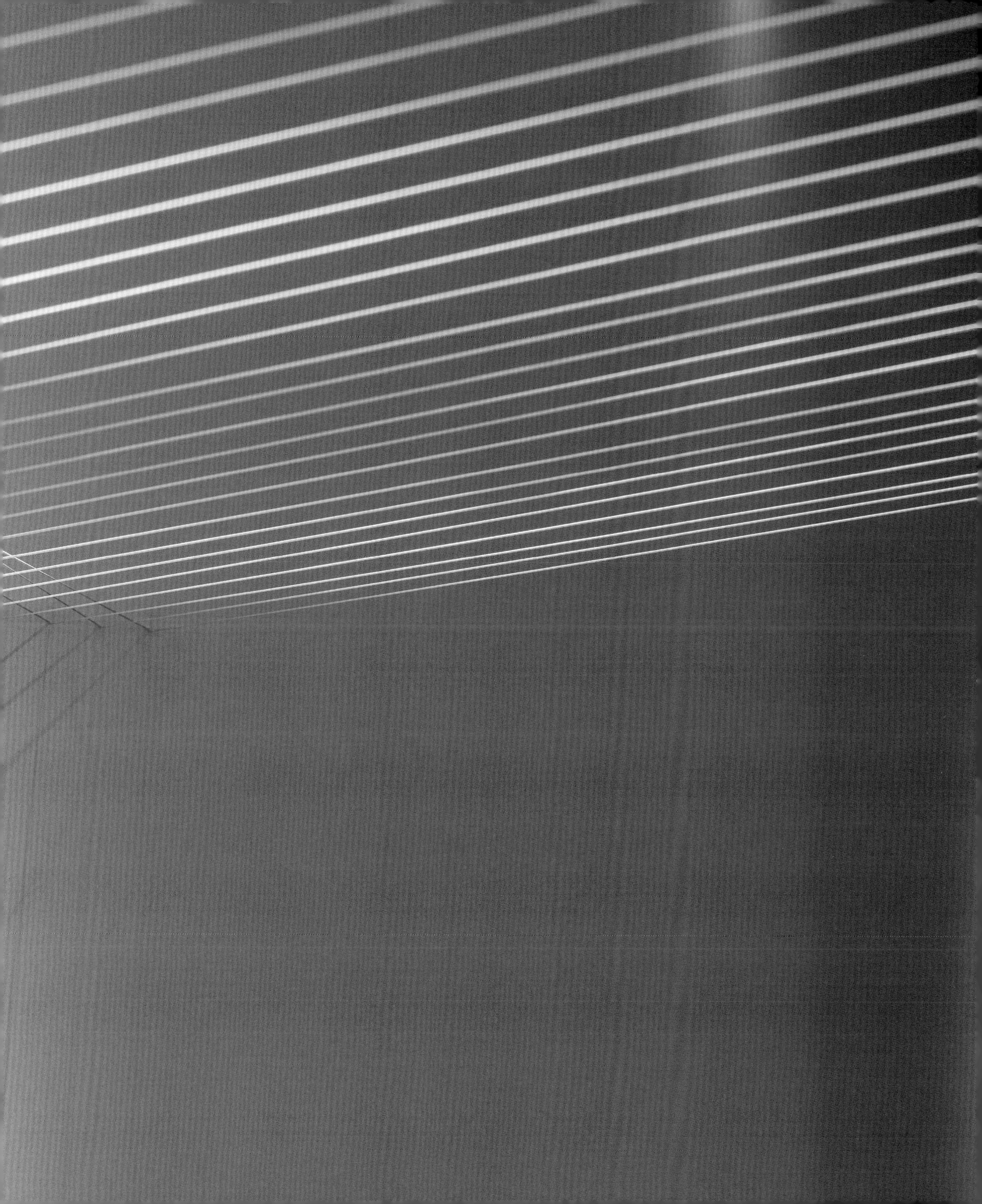

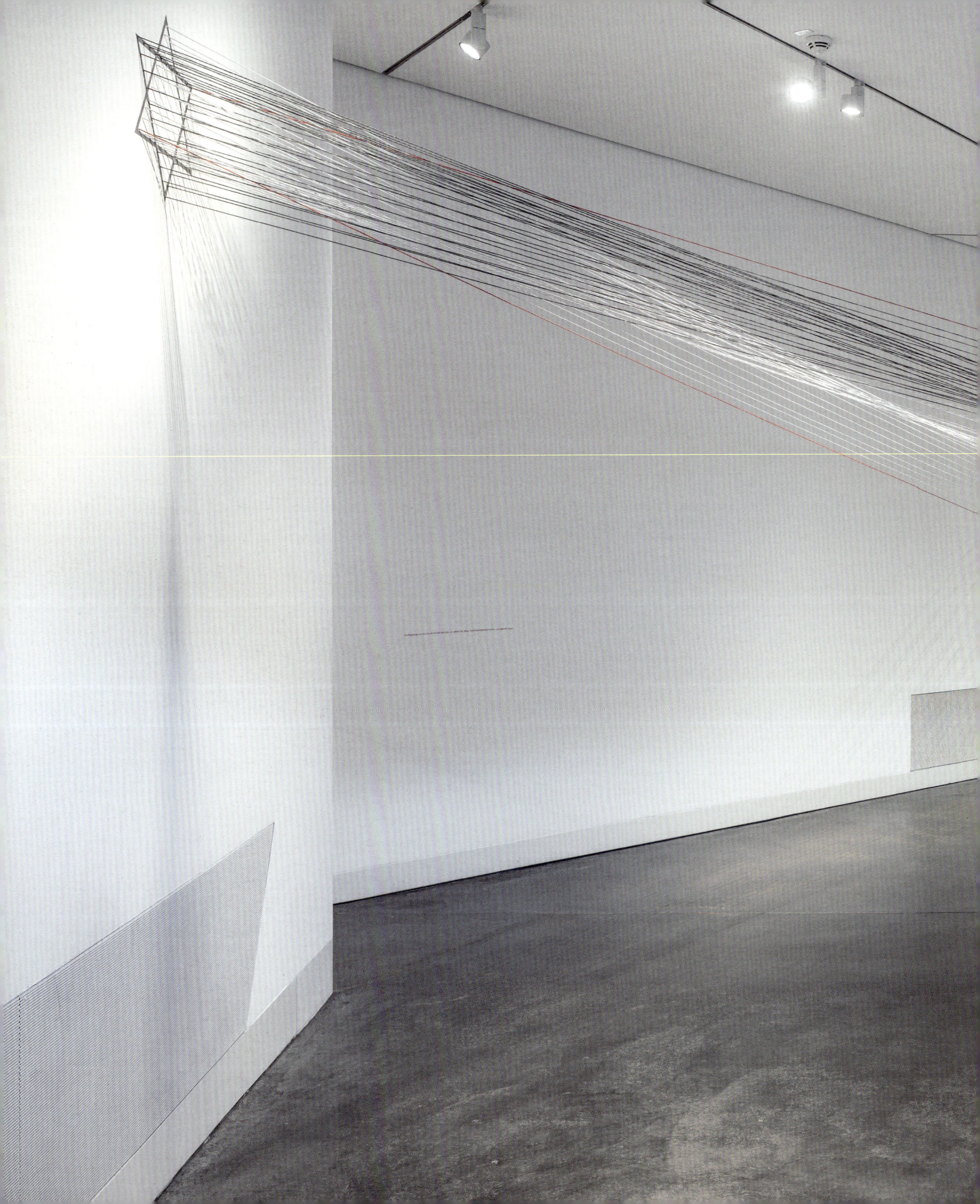

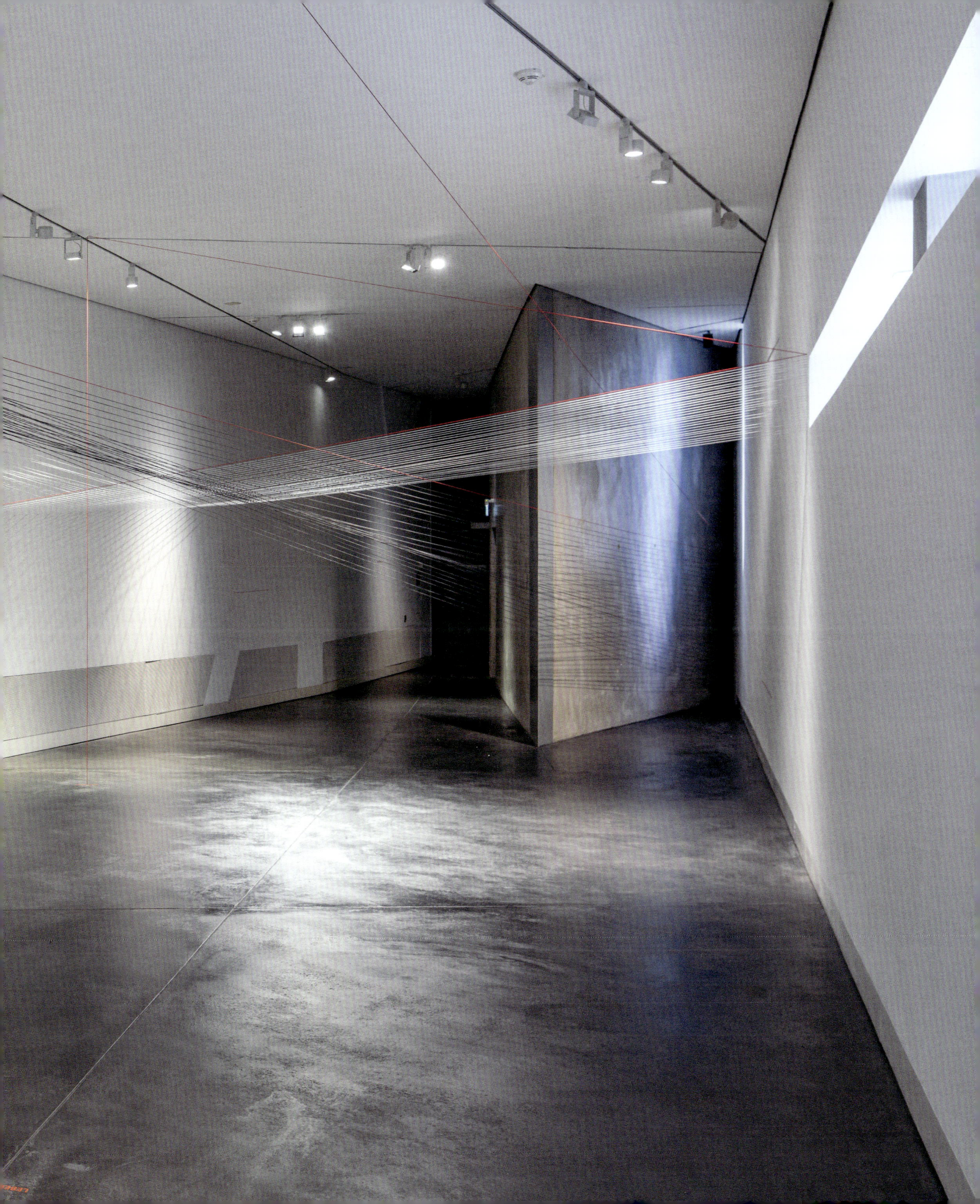

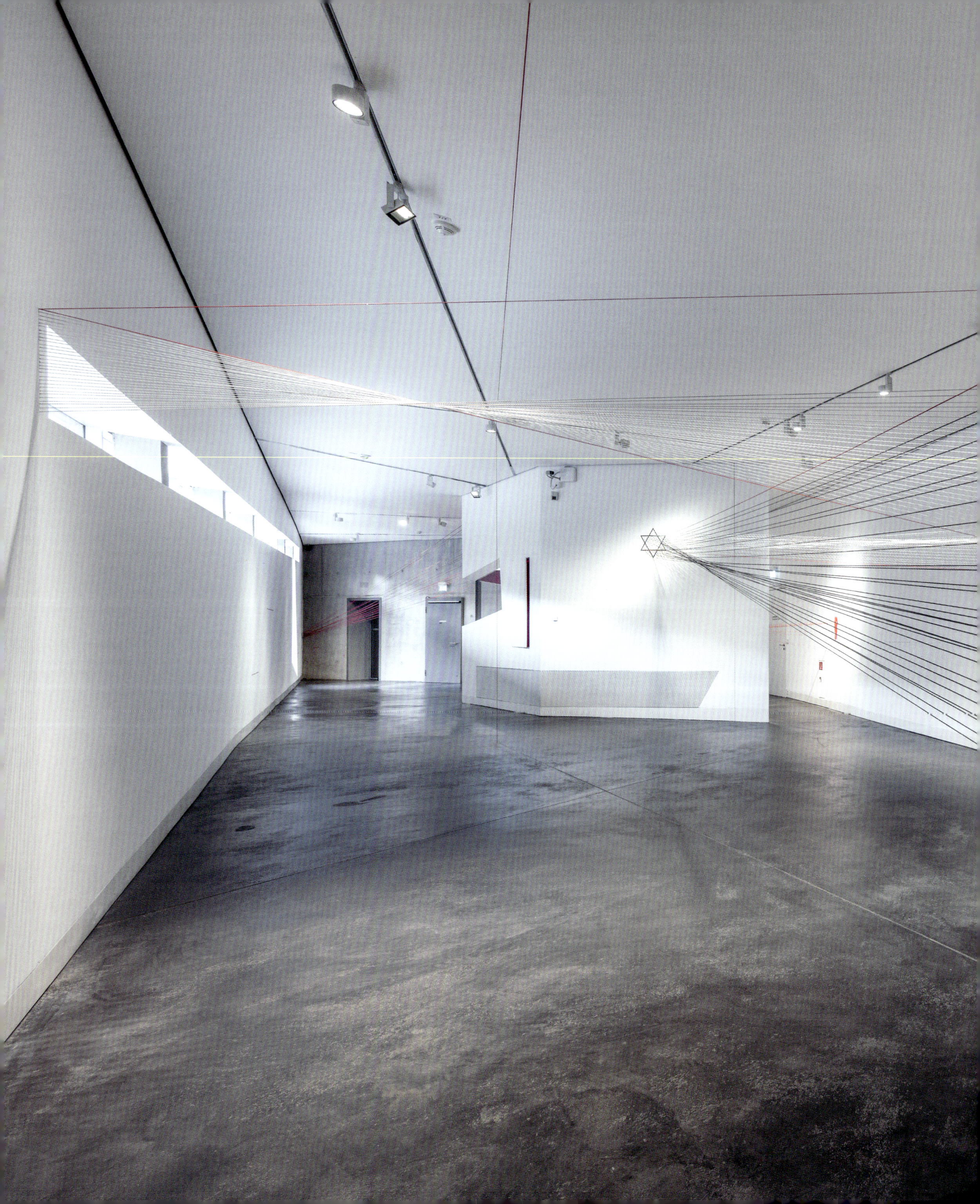

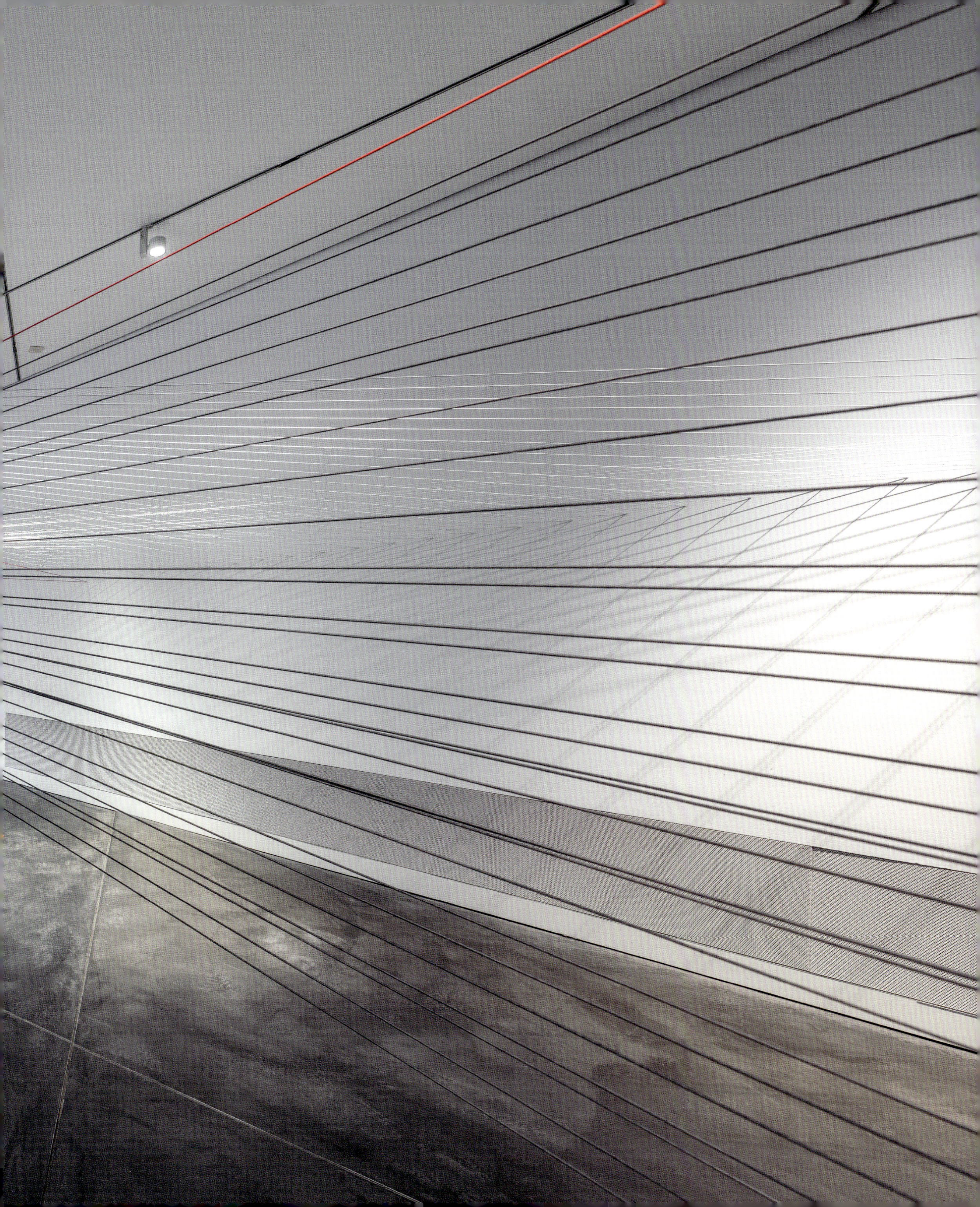

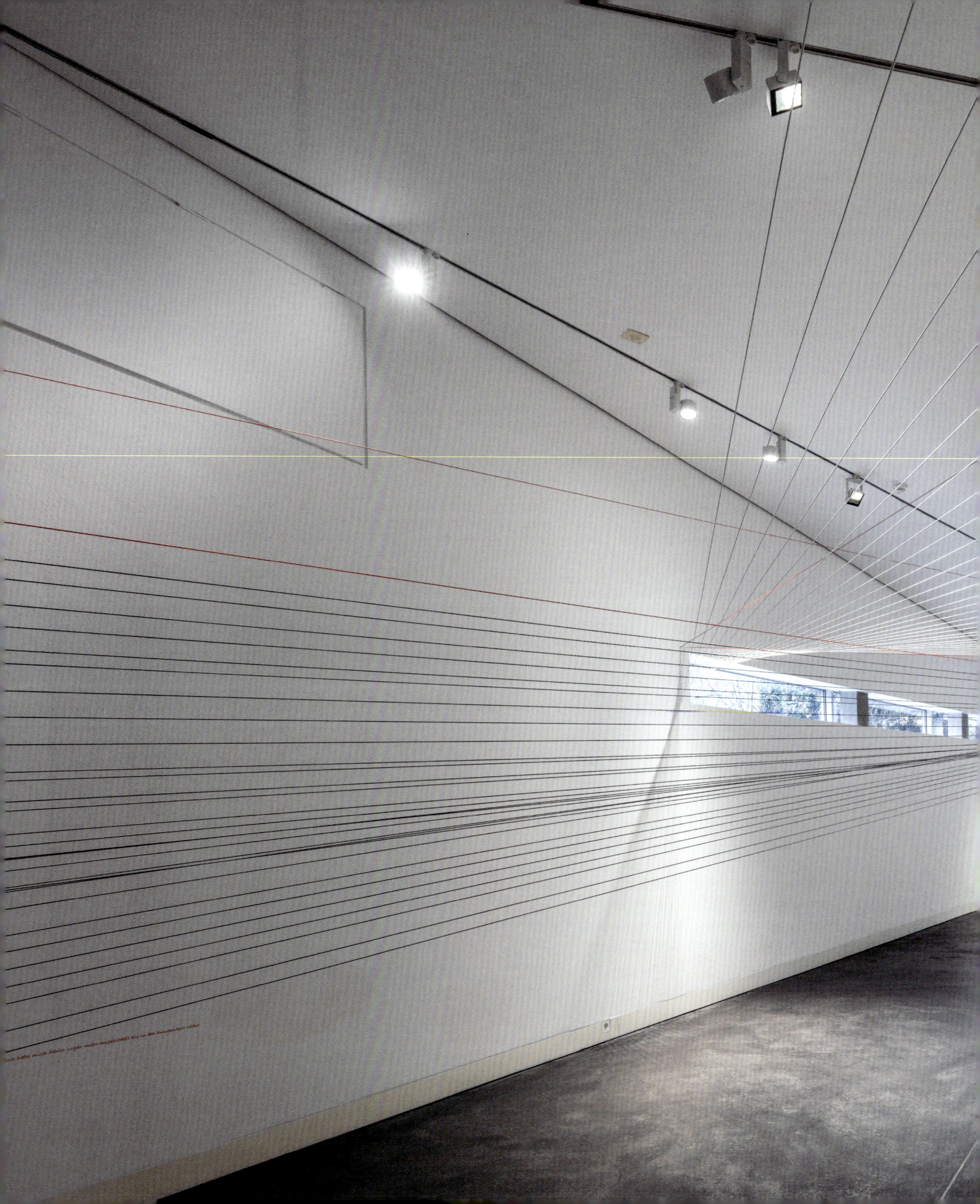

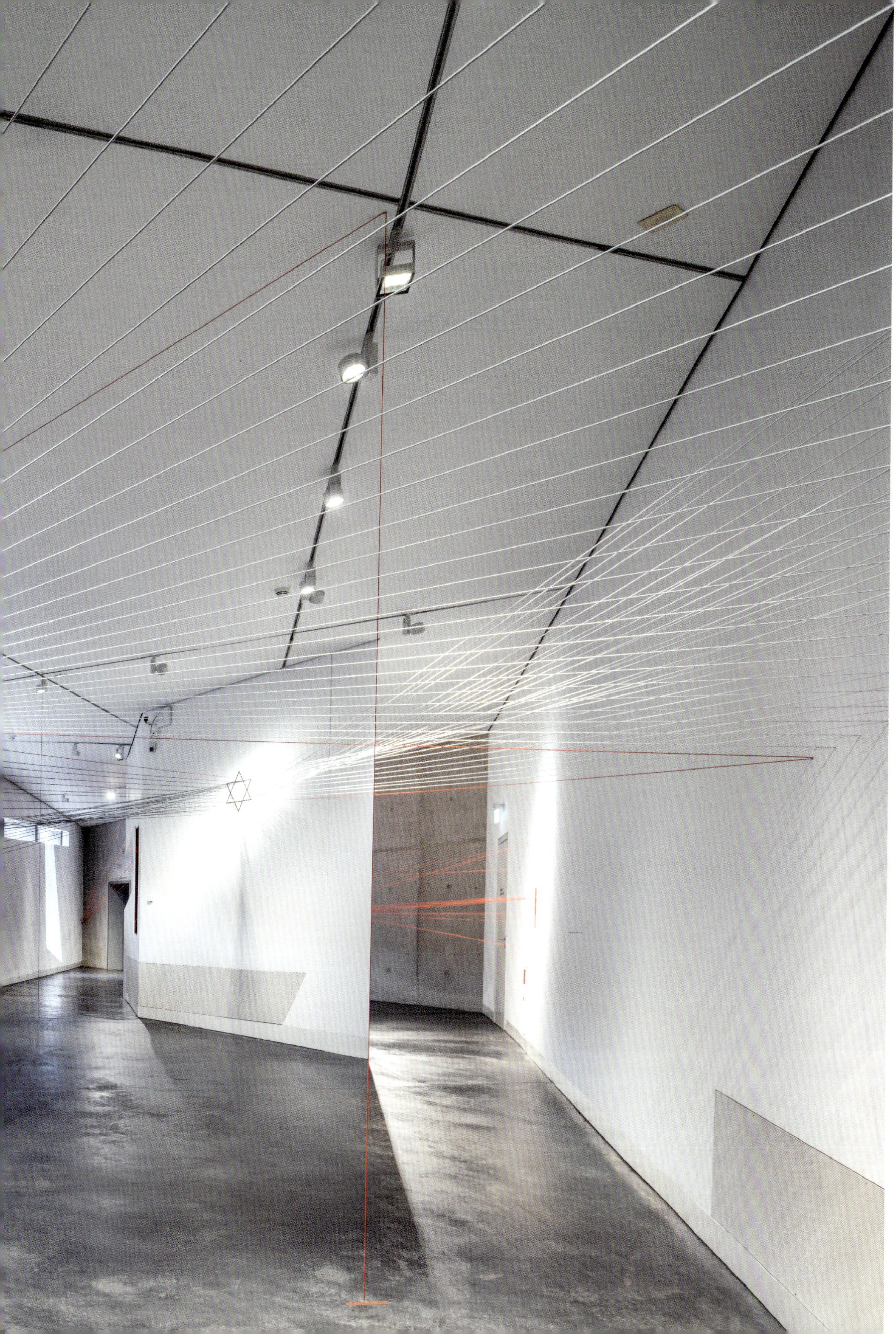

DER FADEN ZWISCHEN DEN AREALEN DER ERINNERUNG

Erinnerung ist kein schlichter Container, Erinnerung funktioniert wie ein Labyrinth mit vielen Gängen und Kammern. Wer sich in diesem Labyrinth bewegen und zurechtfinden möchte, braucht einen Orientierungsfaden. Brigitte Waldach spinnt und spannt ihn – wie eine Ariadne der Erinnerung. Jetzt spannt sie diesen Faden in Signalrot im Osnabrücker Felix-Nussbaum-Haus aus. Einen ganzen Kilometer lang strebt dieser Faden kreuz und quer durch jenen Saal des Museums, den der Besucher als ersten betritt. Bis zu seiner Begegnung mit Nussbaums Bildern, wie dem berühmten *Selbstbildnis mit Judenstern,* dauert es noch eine Zeit. Brigitte Waldach lässt ihren Faden auf mehreren Spuren von einem aufgezeichneten Davidstern aus seine Reise beginnen. Der Faden spannt sich zwischen Boden und Decke aus, berührt Wände, macht kehrt, eilt wie eine Lichtspur in entfernte Ecken des Raumes, den Architekt Daniel Libeskind entworfen hat und der wie ein gezackter Splitter wirkt, der unvermittelt vom Himmel gefallen ist. *Existenz* nennt Brigitte Waldach ihre Installation. „Erinnerung" hätte sie auch heißen können.

Waldachs Werk steht in initialer Stellung. Mit *Existenz* startet im Felix-Nussbaum-Haus eine neue Ausstellungsreihe, die das Werk des 1944 in Auschwitz ermordeten Malers Felix Nussbaum mit der Kunst der Gegenwart verbinden soll. Brigitte Waldach markiert den Beginn dieser Reihe mit einem Werk, das die Bilder Nussbaums und den Bau von Daniel Libeskind neu lesbar macht. Die Installation *Existenz* öffnet neue Perspektiven auf Felix Nussbaum, indem sie deutlich macht, dass sich Erinnerung keiner bloßen Rückschau, sondern perspektivierender Aktivität verdankt. In Osnabrück stellt die Installation damit die als Wahrnehmung eingefahrene Symbiose von Nussbaums Werk und Libeskinds Architektur neu zur produktiven Disposition. Frische Fragen, wie sie die Künstlerin Brigitte Waldach somit stellt, bringen Leben in die fest gefügte Konstellation und helfen zudem, die Erinnerung an den Holocaust mit neuen Perspektiven zu beleben.

Brigitte Waldach verspannt ihre Fäden von drei Punkten aus zu einer dynamischen Raumskulptur: Auf eine Wand hat sie erstens Lebensstationen des Malers geschrieben. Von Nussbaums Geburtsort Osnabrück aus streben die Fäden einer düsteren Ecke wie einem furchtbaren Schicksal entgegen. Waldach hat zu den beiden Seiten des Punktes, in dem die Fäden zusammenlaufen, die Deportationsnummern von Felix Nussbaum und seiner ebenfalls in Auschwitz ermordeten Frau Felka Platek notiert. An der engsten Stelle des Raumes vernäht die Künstlerin zweitens regelrecht eine schmale Passage, die sie mit Bildzitaten aus Nussbaums *Selbstbildnis mit Judenpass,* um 1943, und dem Gemälde *Jaqui auf der Straße,* 1944, versehen hat. Drittens, aus einem aufgezeichneten Davidstern scheinen sechs Fäden in den Farben Schwarz, Weiß und Rot wie Lichtstrahlen hervorzuschießen. Die schwarzen Fäden verschwinden in einem Raumwinkel als Zeichen düsteren Schicksals, die weißen Fäden streben gegen eine Seitenwand, queren den Raum und scheinen durch die nächste Wand nach draußen zu führen – als Zeichen eines Aufbruchs, der den Tod des Künstlers überwindet.

Brigitte Waldach musste ihr Konzept für das Felix-Nussbaum-Haus nicht erst neu erfinden. Fäden sind ihr Material, Rauminstallationen ihr Medium, Geschichte und Erinnerung ihr Thema. Sie kombiniert Zeichnung und

THE THREAD BETWEEN THE AREAS OF MEMORY

Memory isn't a simple container: memory is like a labyrinth with many passages and rooms. Anyone who wishes to move around this labyrinth and find their bearings needs a thread to guide them. Brigitte Waldach spins and stretches it, like an Ariadne of the memory. Now she stretches this thread in signal-red across the Felix-Nussbaum-Haus in Osnabrück. This thread runs for over a kilometre back and forth through the very first hall of the museum that the visitor enters. There is still some time to go before they encounter Nussbaum's pictures, such as the famous *Selbstbildnis mit Judenstern* (*Self-portrait with Star of David*). Brigitte Waldach lets her thread begin its journey in several strands, from a drawing of a Star of David. The thread stretches out between floor and ceiling, touches walls, turns back on itself, rushes like a trail of light into distant corners of the space designed by the architect Daniel Libeskind and which appears as a jagged fragment that has suddenly fallen from the sky.

Waldach's work is the first one. *Existenz* is the beginning of a new series of exhibitions at the Felix-Nussbaum-Haus which aims to link the work of the painter Felix Nussbaum, murdered in Auschwitz in 1944, with the art of the present day. Brigitte Waldach marks the beginning of this series with a work that enables Nussbaum's pictures and Daniel Libeskind's building to be interpreted afresh. The installation *Existenz* opens up new perspectives on Felix Nussbaum, in that it makes clear that memory is made possible not by merely looking back but by actively forming new perspectives. In Osnabrück, the installation is placed in a productive display to create an awareness of the deep-rooted symbiosis between Nussbaum's work and Libeskind's architecture. New questions, like those posed by the artist Brigitte Waldach, bring life to the firmly fixed configuration and in addition, help to stimulate the memory of the Holocaust through new perspectives.

Brigitte Waldach stretches her threads out from three points into a dynamic spatial sculpture: firstly, she has written the painter's life stages on one wall. Starting from Nussbaum's birthplace in Osnabrück, the threads stretch towards a gloomy corner like a hideous destiny. To either side of the points where the threads run to, Waldach has recorded the deportation numbers of Felix Nussbaum and his wife Felka Platek, likewise murdered in Auschwitz. Secondly, in the narrowest part of the space, the artist has strung a narrow passage which she has supplied with images from Nussbaum's *Selbstbildnis mit Judenpass* (*Self-portrait with Jewish Identity Card*) (around 1943) and the painting *Jaqui auf der Straße* (*Jaqui in the Street*) (1944). Thirdly, from an illuminated Star of David, six threads coloured black, white and red seem to shoot out like beams

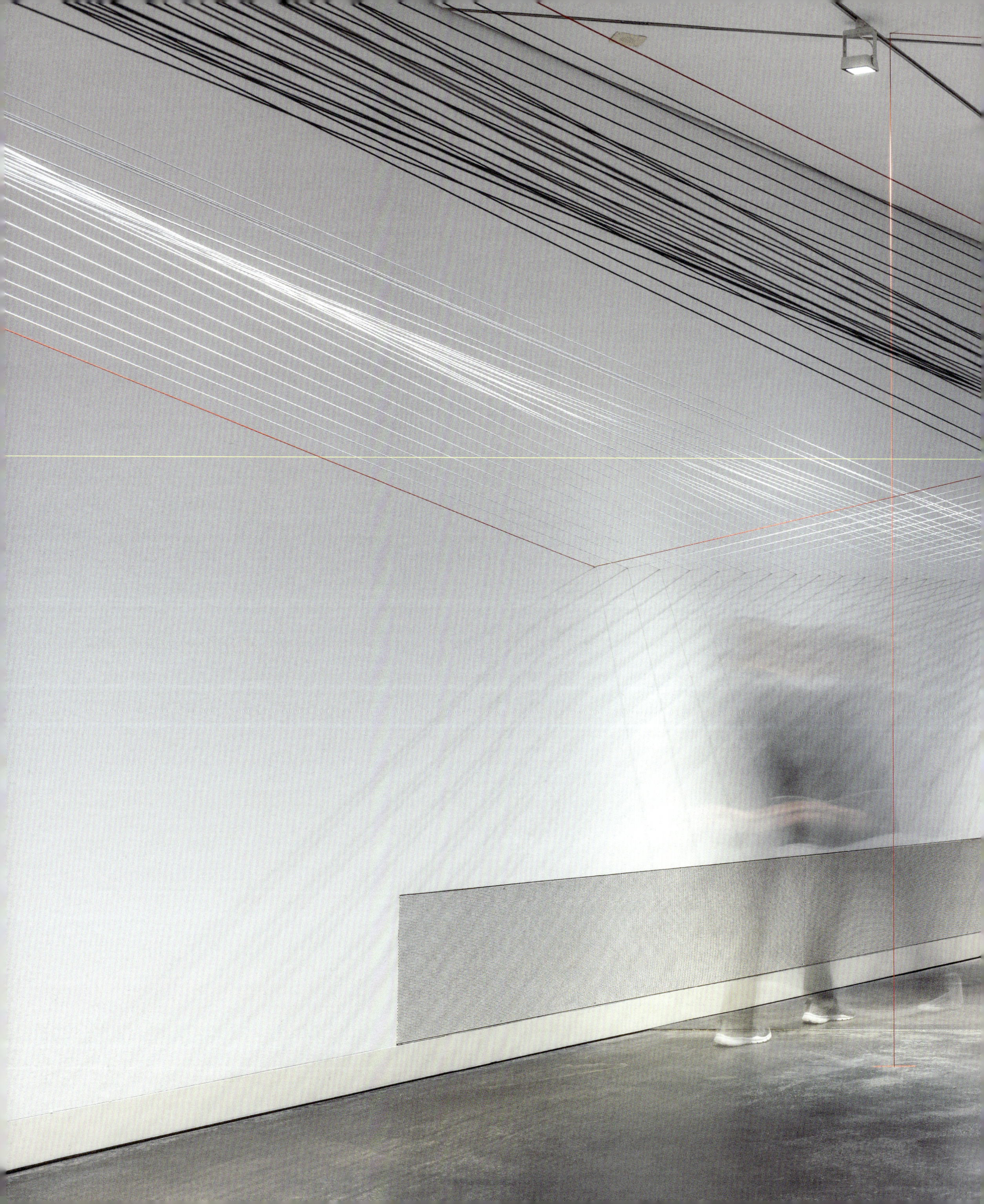

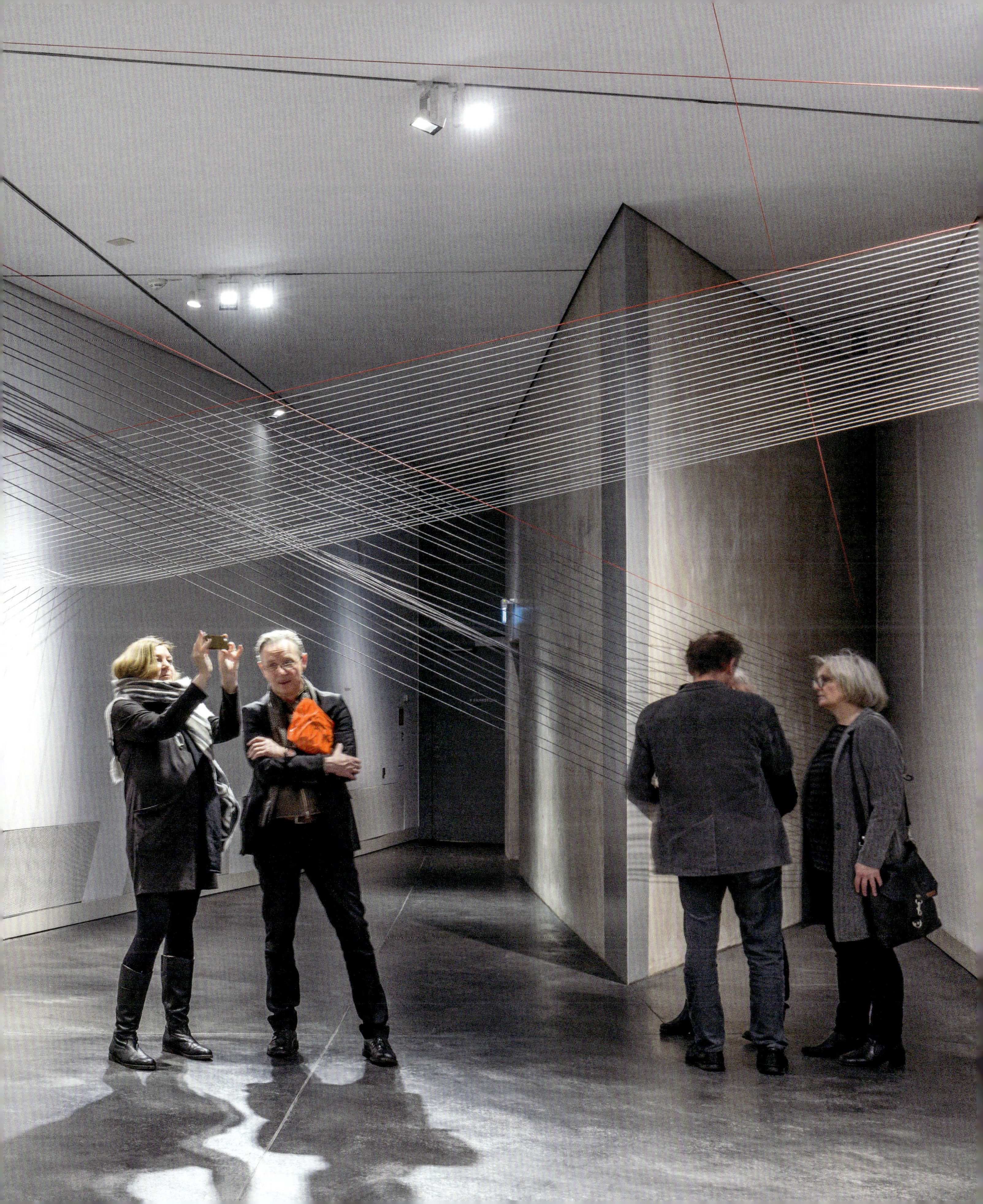

Text, bringt Zitat und präsente Bildwirkung zusammen. Fäden spannt sie in ihrem Werk nicht nur durch Ausstellungsräume, sondern auch zwischen künstlerischen Gattungen und Arealen persönlicher wie kollektiver Erinnerung. Hitler und Parsifal, Krieg und RAF-Terror – Brigitte Waldach ist kein Thema zu gewichtig, um es in ihre Fadennetze einspinnen zu können.

Das Verfahren bewährt sich im Felix-Nussbaum-Haus. Waldachs Fäden reisen wie Lichtbündel durch den kantigen Raum und verklammern ihn. Kuratoren hielten den Saal bislang für kaum bespielbar. Brigitte Waldach verwandelt ihn kurzerhand in eine turbulent bewegte Skulptur. Dabei halten die verspannten Fäden nicht nur den Raum, sondern auch das große Thema Erinnerung zusammen. Waldach macht aus den drei Raumsituationen eine Trias der Lesarten für Nussbaums Schicksal. Sie verweist auf den furchtbaren Tod des Malers, lässt aber auch den Davidstern als Zeichen der Hoffnung triumphal leuchten und über den Tod hinaus in die Zukunft weisen. Dabei geht sie auch der ganz großen Geste nicht aus dem Weg. Wo schwarze und weiße Fäden sich zu zwei Dreiecken teilen, werden auch Untergang und neues Leben hart kontrastiert. Waldach setzt Libeskinds strenger Architektur das pathetische Glanzlicht auf. Auch das muss man können.

of light. The black threads disappear into a corner of the space as a sign of a bleak destiny; the white threads stretch to a side-wall, cross the room and seem to lead through the next wall to the outside – as a sign of departure, which transcends the artist's death.

Brigitte Waldach did not have to invent her concept for the Felix-Nussbaum-Haus from scratch. Threads are her material, spatial installations her medium, history and memory her themes. Waldach combines drawing and text, brings together quotation and present imagery. In her work, she not only stretches threads through exhibition spaces but also between artistic genres and areas of personal as well as collective memory. Hitler and Parsifal, War and Red Army Faction Terrorism – no theme is too weighty for Brigitte Waldach to be able to cocoon in her network of threads.

The process is proving itself at the Felix-Nussbaum-Haus. Waldach's threads travel like light beams through the sharp-angled room and anchor it. Curators had previously regarded the hall as barely workable. Suddenly, Brigitte Waldach has transformed it into a turbulent, moving sculpture. In the process, the taut threads not only hold the space together, but also the important theme of memory. From the three spaces, Waldach makes a triad of interpretations of Nussbaum's fate. She references the artist's dreadful death, but also allows the Star of David to shine triumphantly as a sign of hope and to reach beyond Death into the future. In doing so, she does not avoid the grand gesture. Where the black and white threads divide into two triangles, extinction and new life are sharply contrasted. Waldach adds an emotive highlight to Libeskind's severe architecture. One must be able to do even that.

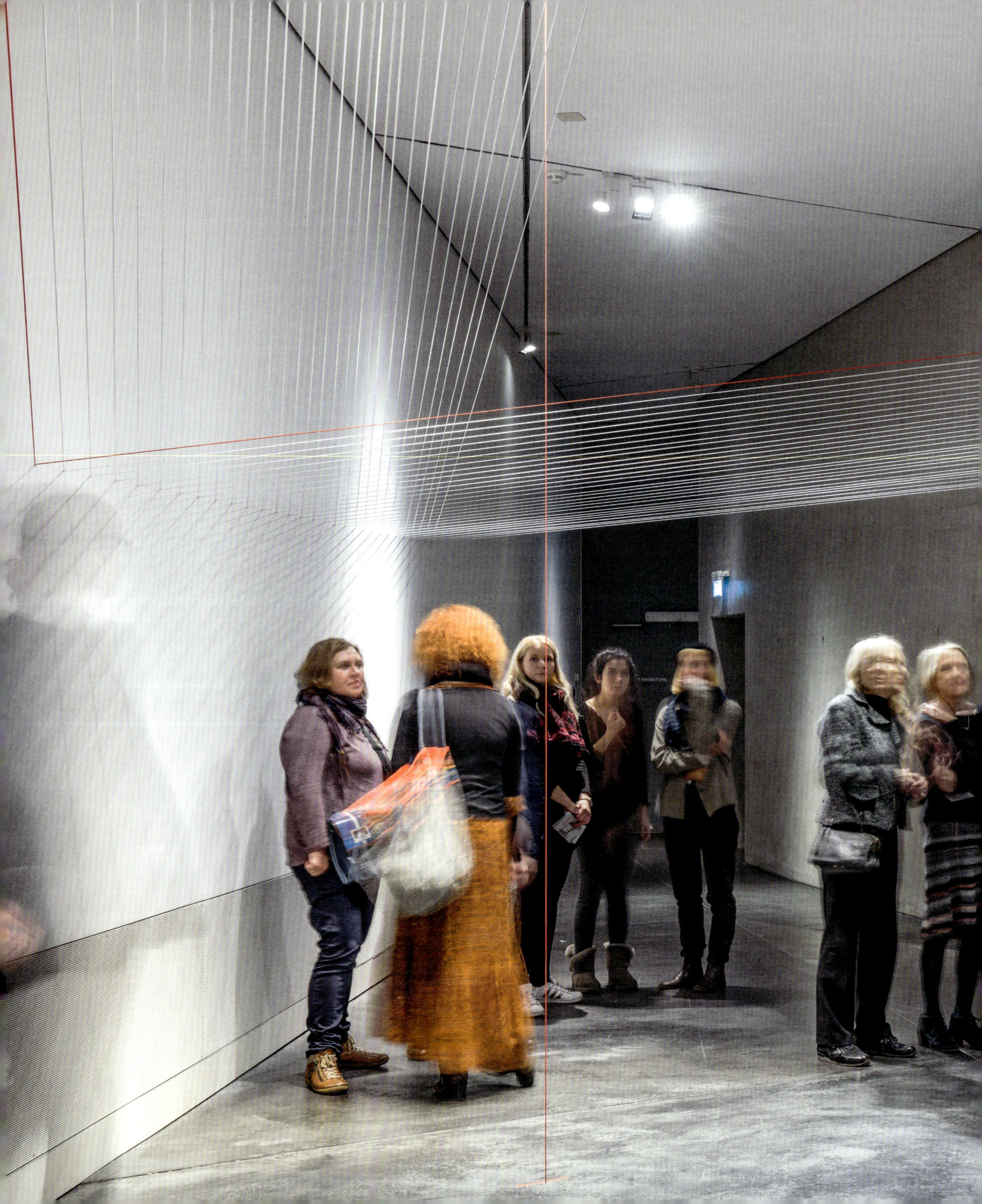

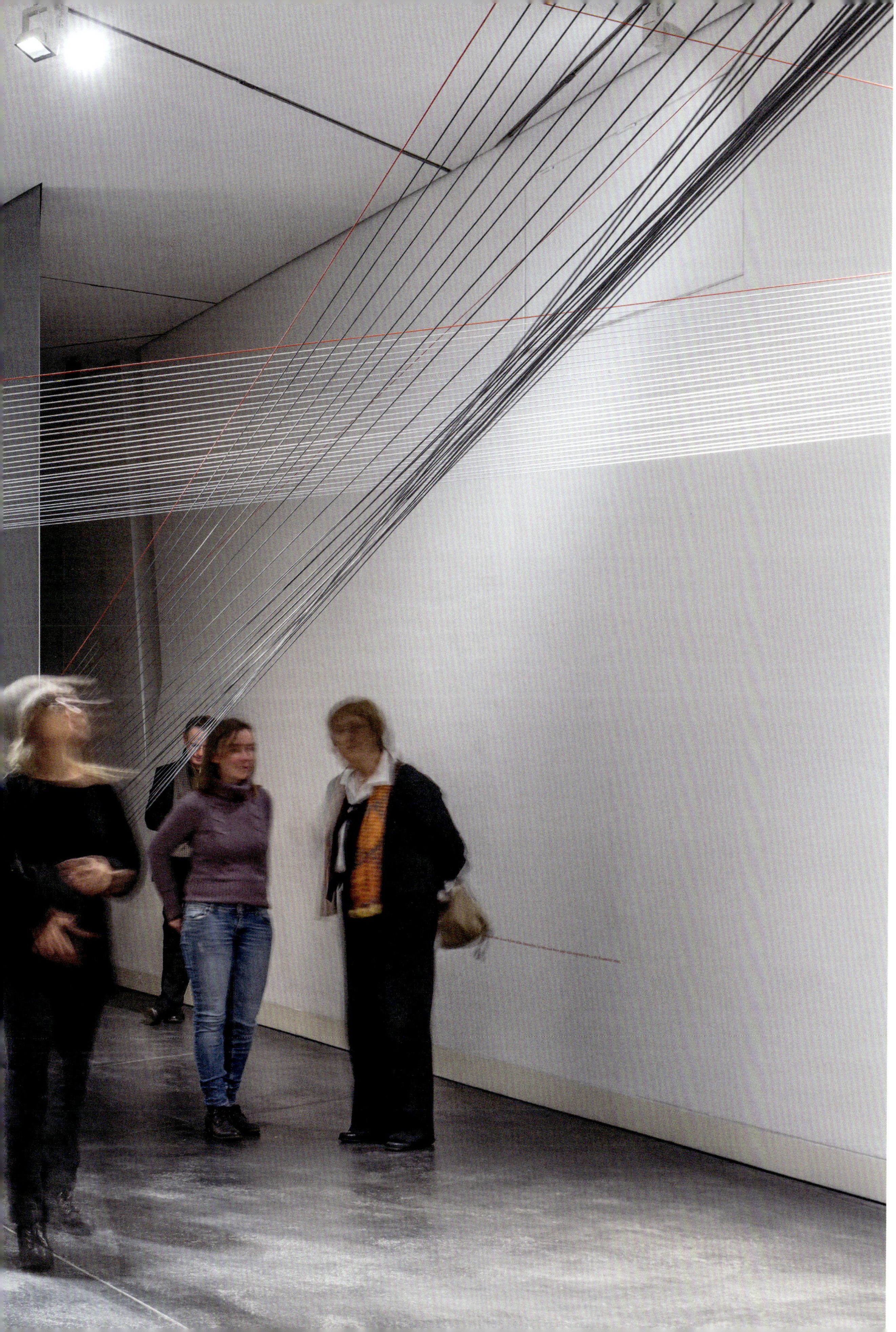

MECHTHILD ACHELWILM

Von der Hamburger Kunsthalle wechselte Mechthild Achelwilm (*1982) Anfang 2018 nach Osnabrück, um dort als Kuratorin für zeitgenössische Kunst im Museumsquartier Osnabrück u. a. die Ausstellungsreihe „Gegenwärtig. Zeitgenössische Künstler*innen begegnen Felix Nussbaum" zu kuratieren. Nach dem Studium der Kunstgeschichte, Kunst/Kunstpädagogik und Philosophie an der Universität Osnabrück promovierte Achelwilm am Kunsthistorischen Institut der Universität Osnabrück über „Das Phänomen ‚Femme fatale'".

FRITZ BACKHAUS

Seit Ende 2017 ist Fritz Backhaus (*1957) Abteilungsdirektor Sammlungen im Deutschen Historischen Museum. Der Historiker Backhaus war zuvor viele Jahre stellvertretender Direktor des Jüdischen Museums in Frankfurt. Dort war er unter anderem für die Bereiche Ausstellungen und Veranstaltungen verantwortlich und hat das Museum über zweieinhalb Jahrzehnte mit mehr als 100 Wechselausstellungen geprägt.

PROF. MONIKA GRÜTTERS MDB

In Münster geboren (*1962), studierte Germanistik Kunstgeschichte und Politikwissenschaft an den Universitäten Münster und Bonn. Ihre beruflichen Erfahrungen sammelte sie an der Oper, im Verlagswesen und im Museumsbereich, bevor sie in großen Unternehmen für Kunst- und Kulturprogramme verantwortlich war. Von 1998 bis 2013 war sie Vorstand der Stiftung „Brandenburger Tor". Seit 1999 ist sie Honorarprofessorin für Kulturmanagement an der Freien Universität Berlin. Monika Grütters ist Vorsitzende des CDU-Landesverbands Berlin; seit Dezember 2016 gehört sie außerdem dem Präsidium der CDU Deutschland an. Von 1995 bis 2005 war Monika Grütters Mitglied im Abgeordnetenhaus von Berlin und dort wissenschafts- und kulturpolitische Sprecherin der CDU-Fraktion. Seit 2005 ist sie Mitglied des Deutschen Bundestages, von 2009 bis 2013 als Vorsitzende des Ausschusses für Kultur und Medien. Seit Dezember 2013 ist sie in zweiter Amtszeit Staatsministerin und die Beauftragte der Bundesregierung für Kultur und Medien.

NILS-ARNE KÄSSENS

Nils-Arne Kässens (*1979) ist der Leiter des Museumsquartier Osnabrück. Er realisierte eine Vielzahl von Kunstprojekten im In- und Ausland, zum Beispiel für die Bundeskunsthalle in Bonn, für die Kunsthalle Fridericianum in Kassel, das Museion Bozen oder die sculptureX in Detroit. Lehrtätigkeiten brachten ihn unter anderem an die Universität Kassel, die Leuphana Universität Lüneburg, die Windsor University in Kanada sowie die Wayne State University in Detroit.

DANIEL LIBESKIND

Daniel Libeskind (*1946) ist ein US-amerikanischer Architekt und Stadtplaner polnisch-jüdischer Herkunft. Er ist bekannt für seinen multidisziplinären Ansatz und einen kritischen Diskurs in der Architektur. Das Felix-Nussbaum-Haus gehört mit zu seinen bedeutendsten Bauwerken.

STEFAN LÜDDEMANN

Stefan Lüddemann (*1960) ist Kulturjournalist, Kulturwissenschaftler und Buchautor. Er leitet den Themenbereich „Kultur und Wissen" von NOZ Medien/Neue Osnabrücker Zeitung in Osnabrück. Studium der Germanistik und Geschichte sowie der Publizistik, Philosophie und Kunstgeschichte an der Universität Münster und des Kulturmanagements an der Fernuniversität Hagen. Dissertation „Kunstkritik als Kommunikation" ebendort.

BRIGITTE WALDACH

Brigitte Waldach (*1966) studierte zunächst Germanistik und anschließend Bildende Kunst an der Berliner Universität der Künste bei Georg Baselitz, dessen Meisterschülerin sie wurde. Ihre Werke befinden sich in zahlreichen öffentlichen Sammlungen wie der Albertina in Wien, dem Museum Kunstpalast in Düsseldorf, dem ARoS Kunstmuseum in Aarhus, dem Kunstmuseum Stavanger, dem Kupferstichkabinett Berlin, der Berlinischen Galerie, der Altana Kulturstiftung, Bad Homburg sowie in vielen nationalen wie internationalen Privatsammlungen. Brigitte Waldach ist international bekannt für ihre großformatigen Zeichnungen und multimedialen Installationen zu Themen wie Gewalt und Pathos, Literatur und Musik.

MECHTHILD ACHELWILM

Mechthild Achelwilm (*1982) moved from the Kunsthalle Hamburg to Osnabrück to take up the position of Curator of Contemporary Art at the Museumsquartier Osnabrück, Osnabrück's museum quarter, at the beginning of 2018, curating the exhibition series "Current and Contemporary Artists Encounter Felix Nussbaum", amongst others. After studying Art History, Art and Art Education and Philosophy at the University of Osnabrück, Achelwilm completed her doctorate in "The Phenomenon of the 'Femme Fatale'" at the Institute of Art History at the University of Osnabrück.

FRITZ BACKHAUS

Fritz Backhaus (*1957) has been the Departmental Director of Collections at the German Historical Museum since the end of 2017. Prior to this, the historian Backhaus spent many years as the deputy director of the Jewish Museum in Frankfurt. His responsibilities there included Exhibitions and Events and he has curated more than 100 temporary exhibitions in over two and a half decades at the museum.

PROF. MONIKA GRÜTTERS MDB

Born in Münster (*1962), Monika Grütters studied German, Art History and Political Science at the universities of Münster and Bonn. After having worked in press and PR for operas, publishers and museums, she was in charge of the arts and culture programmes of several large companies. She was a board member of the Brandenburger Tor Foundation from 1998 to 2013, and has held an honorary professorship for Arts and Media Administration at Freie Universität Berlin since 1999. Monika Grütters is Chairwoman of the CDU Berlin and since December 2016 has been an elected member of the CDU Federal Executive Board. From 1995 to 2005 she was a member of the Berlin House of Representatives and in this role spokesperson for science and cultural policy of the CDU. She has been a member of the German Bundestag since 2005 and was Chairwoman of the Committee on Culture and Media Affairs from 2009 to 2013. Since December 2013 she has been Minister of the State, currently in her second term, and the Federal Government Commissioner for Culture and the Media.

NILS-ARNE KÄSSENS

Nils-Arne Kässens (*1979) is the Director of the Museumsquartier Osnabrück. He has realised a wide range of art projects nationally and internationally, e.g. for the Art and Exhibition Hall of the Federal Republic of Germany, the Kunsthalle Fridericianum, the Museion Bolzano, and for sculpture x in Detroit. He has been a lecturer at, among others, the University of Kassel, Leuphana University Lüneburg, Windsor University Canada and Wayne State University in Detroit.

DANIEL LIBESKIND

Daniel Libeskind (*1946) is an American architect with Polish-Jewish roots. He is known for his multidisciplinary approach and for a focus on critical discourse in architecture. The Felix-Nussbaum-Haus counts among his most important works.

STEFAN LÜDDEMANN

Stefan Lüddemann (*1960) is a cultural journalist, cultural scholar and author. He leads on the subject of 'Culture and Knowledge' at NOZ Media/Neue Osnabrücker Zeitung in Osnabrück. After studying German Studies and History alongside Journalism, Philosophy and Art History at the University of Münster and Culture Management at the University of Hagen, he completed his doctorate in Hagen with a thesis on "Art Critique as Communication".

BRIGITTE WALDACH

Brigitte Waldach (*1966) initially studied German and later Fine Arts at the Berlin University of the Arts. There she became a Masters student of Georg Baselitz. Her works can be found in various public collections, such as the Albertina in Vienna, the Museum Kunstpalast in Düsseldorf, the ARoS Art Museum in Aarhus, the Stavanger Art Museum, the Berlin Kupferstichkabinett, the Berlinische Galerie, the Altana Cultural Foundation, Bad Homburg, along with many other German and international private collections. Brigitte Waldach is well known internationally for her large-format drawings and multimedia installations on topics ranging from violence and pathos to literature and music.

Diese Publikation erscheint anlässlich der Ausstellung *EXISTENZ* von Brigitte Waldach in der Reihe „Gegenwärtig. Zeitgenössische Künstler*innen begegnen Felix Nussbaum".
14. Dezember 2018–10. November 2019
Museumsquartier Osnabrück/Felix-Nussbaum-Haus

Die Ausstellungsreihe ist eine Kooperation mit der Felix-Nussbaum-Gesellschaft.

AUSSTELLUNG / EXHIBITION
Direktion: Nils-Arne Kässens
Kuratorin: Mechthild Achelwilm
3D-Modell, Renderings: Johannes von Reiswitz
Ausstellungstechnik: Dorothea Gathmann, Ulrich Deppen und Lara Kolonko
Aufbauteam: René Moritz, Matthias Mühlhoff, Christian Vossiek, Lukas Attermeier, Stefan Hurdelbrink und Todd Walton
Öffentlichkeitsarbeit: Claudia Dreckstäter

KATALOG / CATALOGUE
Herausgeber: Museumsquartier der Stadt Osnabrück
Redaktion: Brigitte Waldach, Mechthild Achelwilm
Redaktionelle Mitarbeit: Jonas Schoster
Konzept: Brigitte Waldach
Gestaltung: frei – büro für gestaltung, Zürich
Projektmanagement Scheidegger & Spiess: Giuseppina Leone
Lektorat: Karoline Mueller-Stahl
Übersetzung: Scriptum
Korrektorat: Karin Prätorius / Emily Ligniti

Verlag Scheidegger & Spiess
Niederdorfstrasse 54
8001 Zürich
Schweiz/Switzerland
www.scheidegger-spiess.ch

Der Verlag Scheidegger & Spiess wird vom Bundesamt für Kultur mit einem Strukturbeitrag für die Jahre 2016–2020 unterstützt.

Fotografien: Gerhard Kassner

BILDNACHWEIS / IMAGE CREDITS
Nachsatzpapier links
Felix Nussbaum, *Selbstbildnis mit Judenpass*, um 1943
Öl auf Leinwand, 56 × 49 cm
Felix-Nussbaum-Haus Osnabrück
Leihgabe der Niedersächsischen Sparkassenstiftung

Nachsatzpapier rechts
Felix Nussbaum, *Jaqui auf der Straße*, 1944
Öl auf Sperrholz, 70,5 × 49 cm
Felix-Nussbaum-Haus Osnabrück
Leihgabe der Niedersächsischen Sparkassenstiftung

ISBN 978-3-85881-658-0

Felix Nussbaum Gesellschaft

MUSEUMSQUARTIER OSNABRÜCK

OSNABRÜCK
DIE | FRIEDENSSTADT

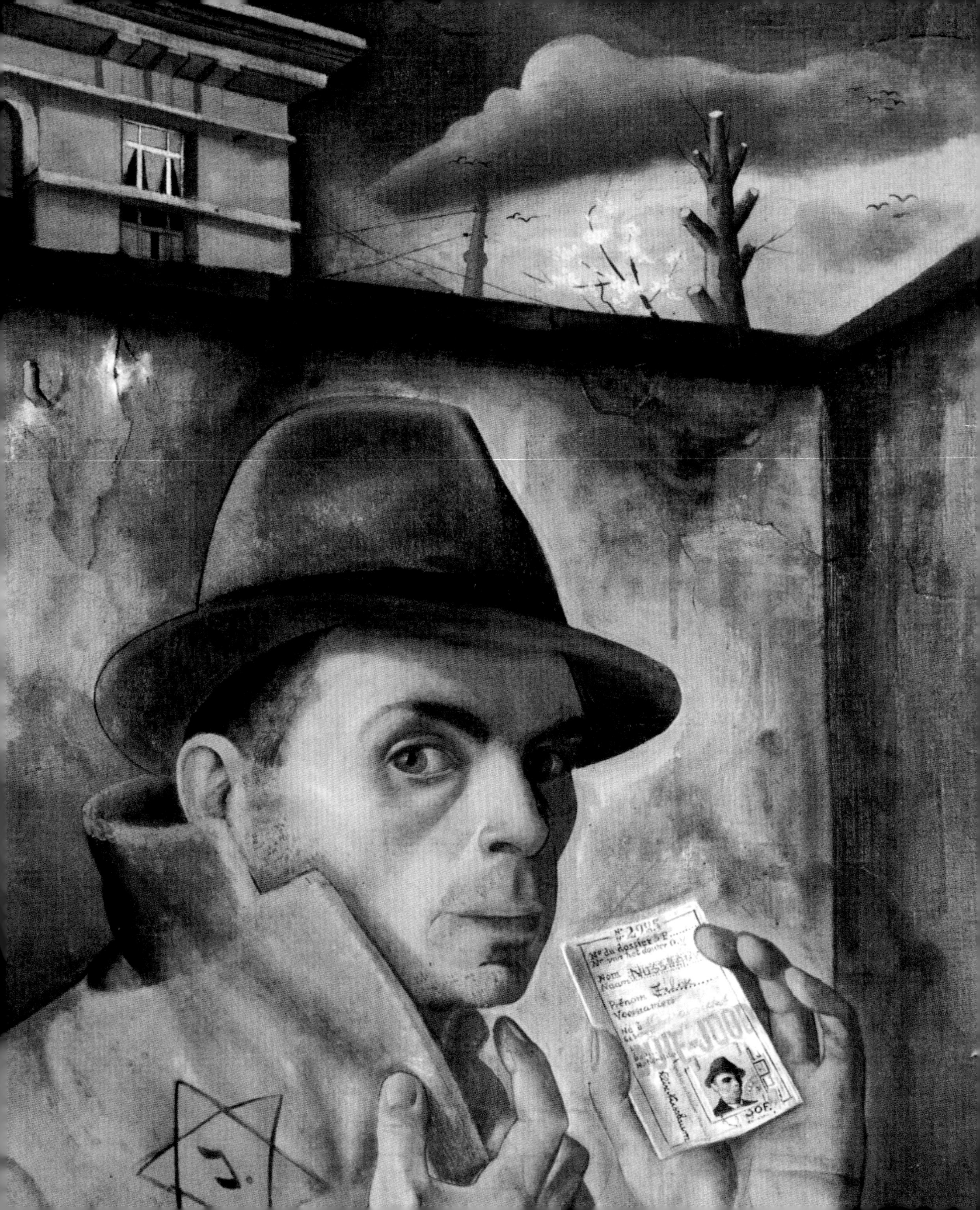

Nº du dossier
Nom
Naam
Prénom
Voornamen
JOOD